Transformación

Transformación

Formando una vida excepcional al afrontar el cáncer

Por Gale M. O'Brien

Publicado por Triple Ribbon Publishing
Albuquerque, Nuevo México 87154

La cubierta y diseño por Estela Jia Ceyril Redulla

Fotografías por Kyle Zimmerman

Diseño de logotipo por Hilary Klein

Nota: La información contenida en este libro solamente sirve para propósitos educativos y no se recomienda como medio para diagnós-tico ni para tratamiento de enfermedad alguna. Todo lo concerniente a la salud física y mental debe ser supervisada por algún profesional médico con conocimiento en tratar alguna condición en particular. Ni la editorial ni la autora proporcionan consejo médico o asumen responsabilidad alguna por quienes opten por atenderse a sí mismos.

ISBN 10: 0692278419
ISBN 13: 978-0692278413

Dedicación

A mis hijos, Wes y Brad,
Los amaré siempre.

Prólogo

La Sociedad Americana Contra el Cáncer calcula que alrededor 1,660,290 de casos nuevos de cáncer serán diagnosticados en el 2013. El hecho de que esté leyendo este libro reafirma que usted o alguien a quien usted ama ha sido diagnosticado con cáncer. A pesar de que esta situación es solitaria, puedo asegurarle de que no está solo o sola. El vivir con cáncer incluye mucho más que poder identificar la etapa del cáncer o las mejores opciones de tratamiento. Este libro provee un plan para aquellos que navegan por esta situación desconocida. ¡No solo aprenderá como sobrevivir el diagnóstico y tratamiento, sino florecer y llegar a ser mejor persona!

Gale O'Brien y yo nos conocimos hace cinco años en la iglesia. Esta mujer bella, segura, agradable y alegre me invitó a ser parte de su círculo de amigos. Entonces sucedió lo imaginable. Se diagnosticó a Gale con cáncer de seno y la vi decaer en sentido físico y emocional. Como tecnóloga en mamografía, educadora sobre el cáncer y además yo misma sobreviviente él, la reacción de Gale me fue muy familiar. El altibajo de emociones es algo que todas las mujeres tienen en común en el momento del diagnóstico.

Gale se valió de sus destrezas excepcionales de organización para desarrollar un plan de ataque. Determinadamente transformó su forma de pensar negativa y buscó métodos de acción alternos. Este libro es una senda hacia la sanación para los pacientes de cáncer. Solo lamento que este recurso excepcional no haya estado disponible hace quince años cuando fui diagnosticada con cáncer. En vez de eso, tambalee a través del proceso de sanación sintiéndome desesperanzada y sola.

Todos podemos cambiar nuestras vidas a fondo como como lo constatan las acciones de Gale. Mediante planificación cuidadosa de tiempo, desarrollo de confianza en su equipo médico y ponerse en contacto con su lado espiritual, el paciente de cáncer aprende que no está solo en esta batalla. En esta batalla encontrará un sin número de personas que han experimentado esto antes. La experiencia de un sobreviviente de cáncer y los sentimientos expresados son creíbles y muy valorados ya que ofrecen esperanza para quienes libran esta batalla. Mediante compartir el contenido de este libro, el lector, puede ayudar personalmente a otros que han sido diagnosticados con cáncer. Paz para todos.

Jeanette R. Joyce
Fundadora y Directora Educativa, RadComm, Inc.
Tecnóloga de mamografía
Sobreviviente de cáncer

Reconocimientos

No resulta ser un proceso fácil escribir un libro.
Exige dedicación, entrega, ánimo y recursos. Este
libro fue posible con los esfuerzos colaborativos
de mi equipo médico, mi familia, amigos, asesores
de la vida y muchos pacientes y sobrevivientes de
cáncer que compartieron sus batallas conmigo. Les
agradezco de todo corazón.

A mi cirujana la Dra. Linda Ann Smith, por su
sabidu-ría y pericia en el campo de la cirugía de
cáncer de seno. A mi oncóloga la Dra. Lovie Bey,
por su manera atenta e intuitiva de atender a los
pacientes. Al Dr. Steven Gough quien apaciguó
mis temores y pacientemente contestó todas mis
preguntas al afrontar la cirugía profiláctica. A mi
acupunturista, Ann Losee, DOM, quien restauró
mi bienestar cuando me desgastaba con nauseas,
depresión y dolor en los huesos. A mi terapista,
Ada Portman y Melu Uriarte, cuyo tierno tacto y
a la vez calvario de ejercicios pude recuperar el
movimiento completo de mis brazos.

A mi familia por su amor y apoyo inque-
brantable. Gracias por los muchos viajes para

estar conmigo durante mis cirugías y tratamientos para el cáncer. Estoy eternamente agradecida por estar conmigo y aliviar mi soledad que a menudo acompaña el diagnóstico de cáncer.

A Jeanette Joyce, una amiga única y colega cuya generosidad y oído presto, no tienen igual.

A mis hermanitas de los domingos, Karen, Michelle, Judy, Marita, Gaylene, Rudi y Patti cuya leal amistad y convivios mensuales me mantienen con risa y diversión durante buenos y malos tiempos.

A The Truvia Company, LLC, a quienes me gustaría expresar gratitud por proveer la stevia para preparar y probar las recetas de repostería que aparecen en este libro.

A Daniel Ruiz, Servicios de traducción D & A, cuyo profesionalismo fue evidente en cada faceta al convertir este texto de mi libro en una versión de español localizado a mi público latino.

Finalmente, al equipo de Bradley Communications Corp. - Bill y Steve Harrison, Geoffrey Berwind, Raia King, Martha Bullen, Brian Edmondson, S. Renee Smith, Tamra Nashman, Mary Giuseffi, Bob Taylor y Debra Englander. Gracias por su excelente mentoring, coaching, y el aliento que.

- Gale O'Brien

Prefacio

Este libro expresa mi experiencia con el cáncer, cómo sobreviví y construí una vida completa después. Es autobiográfica y educativa. Es una descripción sincera, reveladora y sin reparos de mi trayecto transformador hacia la supervivencia.

En muchas ocasiones, los sobrevivientes del cáncer experimentan un "encuentro de beneficios." En otras palabras reciben beneficios inesperados por haber pasado por el trata-miento del cáncer y haberlo librado como sobrevivientes. El cáncer me hizo enfrentar mis peores temores. Al hacerlo, saqué beneficios tales como fuerza, valor, independencia, y una sed insaciable de vivir la vida de lleno.

Se me proveyeron muchos libros para leer al principio de mi diagnóstico. Eran interesantes pero ninguno explicaba en detalle cómo se sentiría el cáncer, se manifestaría o hasta cómo sería a medida que lo experimentara. Mi motivación para escribir este libro Transformación: Formando una vida excepcional al afrontar el cáncer empezó como una manera de ventilar mis emociones, sentimientos y pensamientos a medida que experimentaba el cáncer. Dentro del periodo de un año, abarcando de octubre a septiembre, mi cuerpo entero pasó por una metamorfosis que solo podía ser documentada con palabras y fotografías.

Ver el proceso de cambio en mi cuerpo fue algo temible pero a la vez fascinante. Aún más intrigante, es como mi mente y manera de pensar cambió mucho en tantos temas. Me animé a escribir este libro para infundir ánimo a los pacientes, sobrevivientes, proveedores de cuidado y cualquier persona que experimenta una enfermedad seria, y verla como una fase pasajera confiando en que les espera una vida excepcional.

Contenido

Introducción

Perseverancia, determinación, motivación, compromiso, valor y agallas. Estas son las características de un sobreviviente de verdad. El sobreviviente de cáncer tiene que afrontar la muerte viéndola a la cara. Se puede asustar y su cuerpo sucumbir o se puede proponer la intención de vivir y combate el cáncer a pesar de todos los retos. Este libro se trata de esto último mencionado. Se trata de tomar las riendas de tu vida y proactivamente cambiar el curso de tu supervivencia, desde el diagnóstico al tratamiento hasta crear una nueva vida después del cáncer.

Cuando se me diagnosticó cáncer la primera vez, batallé con tener un propósito. No podía trabajar tiempo completo mientras estaba en tratamiento por la frecuencia de las citas médicas, terapias físicas y los efectos secundarios debilitantes. En momentos me sentía inútil y no productiva. Me preguntaba, "¿A caso alguien todavía me necesita?" "¿Si sí, entonces cuál es mi propósito ahora?" Por primera vez, me di cuenta que la vida es limitada. También me di cuenta de que me vida restante en la tierra estaba limitada por el estado de mi salud y supervivencia. De repente me quedó claro que mi propósito como paciente de cáncer era trabajar en mantener mi cuerpo en óptima salud para poder recibir a tiempo quimioterapia y radioterapia cada día. Mi trabajo como sobreviviente de cáncer es mantener un sistema inmune saludable, alimentar mi cuerpo con los mejores alimentos disponibles, estar en buena condición física y mantenerme informada sobre los avances en investigaciones y tratamientos para el cáncer para garantizar que mi sobrevivencia sea para una larga vida.

Después de descubrir mi propósito, me abrumó el sen-timiento de querer vivir mi vida completa y de manera excepcional. Empecé a trabajar con una asesora de vida para ayu-darme a ver fuera del contexto normal de la vida y para crear una disposición para lo que vendría después del cáncer. Por primera vez, me di cuenta que podía crear una vida disfrutable, si no es que, extraordinaria. Mi nueva vida después del cáncer podría llegar a ser una vida excepcional.

Excepcional tiene que ser realmente excepcional; fuera de lo común; estar muy por encima de lo normal; algo extraordinario. Así que, ¿qué me había estado deteniendo de vivir una vida excepcional hasta ahora? ¿La familia, los amigos, el dinero, tiempo o acaso el miedo? Marianne Williamson escribió en su libro, *A Return to Love*, que "Nuestro mayor miedo no es que seamos inadecuados. Nuestro miedo es que seamos poderosos más allá de lo que imaginamos.

Es nuestra luz y no nuestra oscuridad a lo que tememos más. ¿Quién soy para ser brillante, preciosa, talentosa, fabulosa? Y en realidad, ¿quién eres para no serlo? Eres una hija de Dios. Hacer tu pequeño papel no sirve al mundo. No hay nada iluminado sobre encogerse para que otras personas no se vayan a sentir inseguras a tu alrededor. Todos tenemos el propósito de brillar tal y como los niños. Nacimos para manifestar la gloria de Dios que tenemos dentro. Esto no solo está en algunos de nosotros, sino en todos. A medida que dejamos que nuestra propia luz brille, inconscientemente damos permiso para que otros lo hagan. A medida que liberamos nuestro propio temor, nuestra presencia automática-mente libera a otros."[1]

Este libro explora la pasión de vivir que mora dentro de cada uno de nosotros. Tome un momento para preguntarse, "¿Qué realmente me emociona en la vida?" ¿Es la gente, co-mida, viajar, trabajar, deportes o las artes? Para que tu vida excepcional llegue a estar completa, necesitarás considerar tu salud y condición física. ¿Por qué es la buena condición importante para una vida excepcional? También consideraré lo que es la comida excepcional y cómo puedes tener una salud excepcional mediante llegar a ser un miembro activo de tu equipo médico. Finalmente, exploraré el lado espiritual de una vida excepcional. ¿Cómo puedes usar los dones de la espiritualidad para realzar tu vida? Si te has preguntado si realmente lo puedes tener todo, la respuesta es que "Sí puedes." Una vida excepcional se equilibra con una vida llena con metas que tú verdaderamente *quieres* hacer.

Capítulo 1

MI HISTORIA

"Cuando se pone de pie y comparte su historia para motivar,
su historia le sanará a usted y sanará a alguien más"
~Iyanla Vanzant

MI VIDA ANTES DEL CÁNCER

Nací en Filadelfia, Pennsylvania, en 1961, pero fui criada junto con mis tres hermanas en el Valle de Silicón, California de la edad de un año hasta que me fui a la universidad.

Generalmente mi niñez fue normal y me beneficié mucho de haber tenido a mi madre en casa y mi padre fue un buen proveedor. Lo que más sobresale de mi niñez a medida que reflexiono es el contraste de disfrutar de una abundancia de luz de sol afuera en California, mientras por dentro mis sentimientos reprimidos por que mis padres dejaron claro que era más importante ser respetuosa y bien comportada. Lentamente llegué a ser una niña reprimida, confundida y tímida. Llegué a mi edad adulta insegura de quien era y por qué estaba aquí.

Asistí a la Universidad San Luis Obispo, California donde eventualmente conocí a mi primer esposo. Después de mi graduación de la universidad, él fue comisionado como oficial en el U.S. Army y fuimos destinados a Oahu, Hawái. Este fue un periodo muy feliz en nuestro matrimonio ya que pasábamos cada fin de semana en la playa norte o visitando las demás islas. Cuando terminó su servicio militar después de cuatro años, nos regresamos al Valle de Silicón para encontrar trabajo. Después nos mudamos al valle central de California para criar a nuestros dos hijos.

Nuestro matrimonio encaró retos en diferentes niveles cuando nuestros hijos fueron diagnosticados con enfermedades serias durante su infancia. Mi hijo mayor nació con hidrocéfalos (líquido de la espina dorsal en su cerebro) lo que requería que pasara por una cirugía a los 11 meses de nacido. Mi hijo más joven fue diagnosticado con diabetes dependiente de insulina Tipo 1 cuando sólo tenía 3 años. Durante esta etapa de mi matrimonio, él estaba fuera de la casa de 12 a 14 horas cada día trabajando y viajando al trabajo. Fue una etapa aislada y exigente como madre, especialmente para alguien quien estaba emocionalmente reprimida y que no sabía cómo pedir ayuda. Recuerdo que mi represión alcanzó una cúspide y fue en ese tiempo que mi primer matrimonio se desbarató.

A la misma vez, mi madre pasaba por un tratamiento para el cáncer por linfoma. Tristemente, falleció exactamente un mes antes de mi boda con mi segundo esposo. En retrospectiva, me doy cuenta ahora de que nunca me permití un duelo completo por aquella pérdida debido a estar tan preocupada con la planificación de mi boda y por llegar a ser madrastra de tres hijos más. De nuevo, más emociones reprimidas metidas abajo del tapete.

En el 2006, me mudé con mi segundo esposo a Nuevo México. De nuevo me encontré en un estado con clima soleado y temperaturas cálidas. *A lo largo de* cuarenta y seis años, mientras que viven en California, Hawai y Nuevo México, me diagnosticaron cáncer de piel tres veces. Afortunadamente cada vez mi diagnóstico fue de carcinoma de células basales, el cáncer de piel menos letal.

LLEGANDO A LOS CINCUENTA

Como la mayoría de las personas llegando a la edad media, mi cumpleaños número 50 marcó un hito en mi vida que se sintió como una bomba que explotó. Durante este año había renunciado a mi carrera como maestra, mi último hijo se fue a la universidad, mi segundo matrimonio terminó y me mudé sola al otro lado del país. Durante la mayor parte de mi vida había utilizado la represión emocional como mecanismo para sobrellevar los eventos más traumáticos de mi vida. Había habido tanto caos en mi vida adulta que simplemente tenía que encontrar una nueva cara para enfrentar el futuro. Me daba muy poca cuenta de la repercusión que todo esto tendría en mi vida.

MI DIAGNÓSTICO DE CÁNCER

En octubre de 2012, durante una mamografía rutinaria, se descubrió un bultito sospechoso en mi seno izquierdo. Una semana después, recibí una llamada del centro de imagen informándome de que el estudio de patología de mi biopsia había resultado positivo. Después de que mi primera biopsia reveló cáncer de seno, de inmediato se me programó para dos estudios MRI, un estudio CAT de cuerpo entero, una colonoscopia, un ultrasonido pélvico y una escintigrafía sanguínea compartimentada de mi corazón. Estaba abrumada con procedimientos médicos que no creo haber tenido algún respiro hasta después como de seis semanas después de mi primera biopsia.

Mi padre y mi madrastra volaron para estar conmigo durante mi cirugía. Tuve una tumorectomía y una biopsia de ganglio centinela. Cuando me desperté en la sala de recuperación, la enfermera me explicó que tenía un tubo para drenar sostenido en mi pecho con puntadas para drenar los fluidos del área de mi incisión. También me mencionó que mi seguro de salud no cubría a un profesional de atención médica para ayudar con la sonda y por tal razón mis padres tendrían que ser entrenados para el cuidado de la sonda. Mi padre y yo nos volteamos a ver con incredulidad.

Afortunadamente, mi madrastra había sido una enfermera registrada y sabía exactamente lo que tenía que hacer con la sonda, pero a mí me resultaba incómodo y asqueroso y no podía esperar para que me lo quitaran. Cinco días después, fui a la oficina del cirujano para que me removieran las suturas y la enfermera solo arrancó la sonda contando a las tres. Cuando pregunté sobre las puntadas para cerrar el hoyo, se me dijo que se sanaría sola.

El 26 de noviembre de 2012, me reuní con mi oncólogo para considerar el plan de mi tratamiento. Mis estudios de patología revelaron que tenía dos tipos de cáncer de seno. El primero era carcinoma ductal in situ lo cual era poco y estaba contenido. El segundo cáncer ductal era agresivo e invasivo y se había propagado a una de los cinco glándulas linfáticas que había sido removida durante mi cirugía. Mi cáncer resultó positivo como receptor de estrógeno y progesterona. Mi oncólogo explicó que mi tratamiento requeriría ocho sesiones de quimioterapia, seis semanas de radioterapia y cinco a diez años de Tamoxífeno, una droga oral que funciona como inhibidor hormonal. La buena noticia era que mi estudio CAT, colonoscopia, ultrasonido pélvico regresaron libres de cáncer.

En seguida, se me programó para una cirugía para insertar un puerto para catéter en mi cuello para recibir las drogas de la quimioterapia sin tener que tener una intravenosa cada vez. En realidad no quería un puerto para catéter. Solo el pensamiento de tener algo extraño implantado en mi cuello y pecho se oía horrible. Estaba nerviosa por el procedimiento y le pedí a una amiga que había pasado por esa cirugía si me acompañaba. El día de la cirugía, la enfermera me inyectó una droga en mi brazo que solo me relajó pero no me durmió. ¡Estuve despierta durante la entera cirugía! No sentía dolor, pero podía oír todo lo que decían los médicos durante el procedimiento.

Después de eso tenía dos incisiones, una en mi pecho y otra en mi cuello. Experimenté dolor y presión considerable en mi lado derecho por casi una semana. Tres días después estaba en la clínica de oncología recibiendo mi primera infusión de quimioterapia.

ETAPAS DE AFLICCIÓN

En 1969, el libro de Elisabeth Kubler-Ross, *On Death and Dying*, propuso las ahora cinco famosas etapas de aflicción como patrón de adaptación. Las cinco etapas de aflicción son negación, enojo, negociación, depresión y aceptación. Escribió, "En general, los individuos experimentarán la mayoría de estas etapas, sin embargo no en secuencia definida, después de afrontar la realidad de su inminente muerte."[2]

He experimentado las etapas de aflicción en varias ocasiones de mi vida; cuando pasé por mis divorcios y ahora con mi diagnóstico de cáncer de seno. Durante la primera semana de mi diagnóstico estuve en negación. Cada vez que me llamaban de la oficina del médico para programarme para otro diagnóstico como MRI, EKG, o escan CAT, preguntaba, "¿está *segura* de que tiene a la paciente correcta? Mi nombre es Gale O'Brien." Para mi sorpresa, cada vez que preguntaba, la asistente médica confirmaba mi nombre, fecha de nacimiento y diagnóstico.

En mi caso, las dos etapas en las que me quedé estancada eran el enojo y depresión. Mi enojo empezaba por preguntarle a Dios, "¿Por qué yo? ¿Qué

a acaso no he pasado por suficientes traumas
y tragedias en mi vida?" Recuerdo llorar en la
noche y gritar "¡No quiero cáncer!" "¡No quiero la
quimioterapia!" "¡No quiero radiaciones!" Tenía un
deseo fuerte por empacar mi maleta y regresarme a
mi casa con mi papá y mis hermanas. Nunca había
estado tan asustada en mi vida de tener que pasar por
algo tan grande yo sola. Recuerdo estremecerme y
temblar cuando lloraba porque tenía miedo morirme
con las drogas de la quimioterapia mientras dormía.
Cuando despertaba la mañana siguiente, siempre
estaba sorprendida de que todavía estaba viva.

Sin embargo, cuando empecé la quimioterapia mi
enojo de inmediato se volvió en odio, específicamente
hacia la comida. Mis papilas gustativas parecen
haber cambiado de la noche a la mañana. Casi toda la
comida me sabía a cartón y toda bebida, incluyendo
el agua, me sabía a agua con jabón para lavar
platos. Empecé por odiar algunas comidas, luego
la mayoría de ellas, y por último todas las comidas.
No podía hacer una lista de compras de comida,
abrir el refrigerador, entrar a una tienda de comida
o hasta cocinar sin que me provocara nauseas. Perdí
25 libras y luego mi odio se transfirió a las personas.
Mayormente odiaba las personas quienes no tenían
cáncer. En mi cabeza loca y con nauseas pensaba que
los demás en realidad no comprendían la pesadilla
que era el cáncer. En la noche en secreto oraba por
que los diagnosticaran con una enfermedad terminal
y tuvieran una muerte dolorosa. Parecía que estaba en
un círculo vicioso del cual no podía librarme.

Antes de que mi odio se extendiera a todas las personas decidí buscar ayuda profesional. Empecé con tratamientos dos veces por semana con una acupunturista. Después de dos semanas, mis nauseas empezaron a disipar y mi enojo y odio también se hizo más manejable. Tuve que permanecer diligente y comprometida en asistir regularmente hasta el fin de la quimioterapia.

Capítulo 2

TRATAMIENTOS PARA EL CÁNCER

"Tenemos dos opciones, medicamente y emocionalmente: darnos por vencidos o luchar encarnecidamente."
~ Lance Armstrong

Me había convencido desde mi diagnóstico que buscaría el mejor tratamiento disponible para combatir el cáncer. Mi meta número uno era vivir una vida larga y fructífera. También pesaba sobre mí una responsabilidad para con mis hijos, familia y amigos. Acepté todas las cirugías recomendadas y tratamientos salvavidas en un determinado esfuerzo por vivir. Mis probabilidades por sobrevivir ahora estaban en las manos de Dios.

QUIMIOTERAPIA

Durante el tratamiento de mi quimioterapia, me encontraba abrumada por el miedo y la ansiedad de que empezaría el día uno de mi ciclo de quimio y por lo regular duraba hasta el día cinco. Entonces empezaba a sentirme mejor físicamente, mi disposición mental mejoraba y empezaba a sentirme segura de mí misma otra vez y con esperanza para mi futuro.

Estos sentimientos de ansiedad me invadían cuando estaba aislada en mi casa debido a la cantidad baja de células blancas y tener que mantenerme retirada de lugares públicos. Aprendía mucho de mí durante los primeros cinco días del ciclo de quimio. Estos sentimientos de ansiedad venían cuando estaba sola, me di cuenta que no me gusta estar sola. Necesito socializar y estar rodeada con amigos y familia. Además me sentía peor físicamente, nauseas, cansada, adolorida de los huesos, malestar, depresión y un desinterés general en todo (comida, gente, tareas del hogar, vida, todo en general). Mi dolor físico me enojaba en contra del cáncer. Odiaba no poder trabajar fuera del hogar. Odiaba no tener pelo, uñas descoloridas, no tener cejas ni pestañas. Era difícil quererme, siendo que cada mañana veía a una alienígena en el espejo de mi baño que me miraba.

Después de mi tercera infusión de quimio, desarrollé una neuropatía en mis manos. La neuropatía normalmente empieza en las manos y/o pies y luego se corre a los brazos y piernas. Por lo regular se siente como cosquilleo o adormecimiento. En otras ocasiones, es más como un dolor agudo y ardiente o con sensibilidad a la temperatura. Mi neuropatía empezó a interferir en mis funciones diarias tales como cerrar el zipper, voltear una tapa rosca de una botella de agua, hasta escribir de manera legible con una pluma. Mis manos rojas y adoloridas me hacían sentir triste y más deprimida. Cuando fui a mi cuarta infusión, no solo tenía la neuropatía en mis manos sino me sentía muy mareada cada vez que me levantaba de mi asiento.

Mi oncóloga me hizo unas pruebas y determinó que estaba severamente deshidratada. Detuvo mi infusión de quimio y en vez de eso recibí tres bolsas de líquido a través de mi puerto y se me prescribió tomar 70 onzas de líquido por día hasta el final de mis tratamientos de quimioterapia. De inmediato empecé a sentirme mejor. Por primera vez desde que empecé la quimio, supe lo que era una evacuación con un colon hidratado, ¡ya no estaba constipada! Mis mareos se retiraron. Ahora estaba mentalmente alerta y podía tomar decisiones inteligentes. Después de tres días de fiel consumo de líquidos la neuropatía empezó a retirarse. En verdad era un milagro y no tenía idea de que la neuropatía era causada por mi deshidratación.

ESTABLECIENDO LA INTENCIÓN DE VIVIR

Cuando se me diagnosticó con cáncer, me encontraba muy asustada por mi prognosis y si sobreviviría. Anteriormente había visto a amigos y familiares pasar por tratamientos de cáncer y lo veía muy triste y me asustaba. Aunque sentía miedo, comportarme como paciente y hacer todo lo que mis médicos me decían que hiciera. Pensé que por ser sumisa podía incrementar mis probabilidades de sobrevivir y mis temores se retirarían. En teoría, estaba funcionando con energía negativa hacia mi diagnóstico de cáncer.

Me parece interesante que después de que había terminado todos los exámenes de diagnóstico antes de empezar la quimioterapia, descubrí que todavía estaba

asustada. Ahora tenía miedo que las drogas de
la quimioterapia me debilitarían y con el tiempo
terminarían con mi vida. Las enfermeras de oncología
ya me habían advertido que la quimioterapia debilita
el cuerpo y por lo tanto debería esperar sentirme
mal. ¡Tenía tanto temor a mi primera infusión, que
me apresuré a casa a enviar las tarjetas navideñas
para la primera semana de diciembre por si acaso no
sobrevivía la primera ronda! Continué con esta energía
negativa durante mis primeras tres infusiones de
quimio.

Entonces algo mágico sucedió. Una amiga, quien
es sobreviviente de cáncer ya por dieciocho años, me
acompañó a la cuarta infusión. En camino a la clínica
de oncología le expresé mis temores y le pregunté
cuál era su secreto por para sobrevivir el cáncer tanto
tiempo. Me contó sobre un libro que había leído
durante sus tratamientos para el cáncer, intitulado,
*Love, Medicine, & Miracles: Lessons Learned about Self-
Healing from a Surgeon's Experience with Exceptional
Patients* por Bernie S. Siegel, MD. Mi amiga me explicó
que establecer la intención de sobrevivir el cáncer
pudiera tener un efecto positivo en el proceso de
sanación. Así que cuando regresé a casa, empecé a
investigar la filosofía de Dr. Siegel.

Descubrí que a través de su trabajo como cirujano
y fundador del grupo de terapia denominado Pacientes
de cáncer excepcionales, el Dr. Siegle aprendió que los
pacientes de cáncer que desarrollaron un amor propio
saludable y dejaron su represión emocional, lograron
mejorar su sistema inmune, sobrellevaron el cáncer
y mejoraron las probabilidades de supervivencia.

También escribió sobre individuos con un elevado *lugar de control interno* quienes creen que los sucesos de su vida se derivan de sus propias acciones. En otras palabras, los pacientes que tomaron control de su salud y llegaron ser miembros activos de su equipo médico se les mostró como vivir más.[3]

Fue después de esto que establecí una intención por vivir y empecé a funcionar con energía positiva hacia mi cáncer. Opté por recibir sesiones de acupuntura dos veces por semana para mis nauseas, depresión y dolor de los huesos. También empecé a hacer ejercicio dos veces a la semana en una trotadora y levantado pesas para mejorar mi aguante además de mi salud física y mental. Después de mi quinta infusión, sabía que estaba en la recta final con solo tres ciclos de quimio más. Ya no me sentía triste, vulnerable, desamparada, ni fatal. Me sentía entera otra vez. ¡Estaba determinada a vivir!

RADIOTERAPIA

Mis amigos me habían dicho que la radioterapia era "pan comido." Los doctores y enfermeras me aseguraron que si había sobrevivido la quimioterapia entonces la radiación resultaría ser "un paseo fácil." Encontré que la experiencia era espantosa y dolorosa. No estaba sola con mi manera de pensar. Muchos de los pacientes que tuvieron la misma cita en el centro para el cáncer expresaron sus preocupaciones sobre su tratamiento. Conversé con pacientes que estaban pasando por cáncer pancreático, de próstata, en la garganta y de seno. Cada quien expresaba sus sentimientos sobre la experiencia. A un hombre con cáncer en la garganta, se le había quemado tanto su cuello que había perdido toda la primer capa de piel. Volteó a verme y mi dijo con su sonrisa sin dientes, "solo fuma un poco de marihuana cada día y poder sobrepasar esto." Empecé a dudar y pensé que quizás me sentiría diferente si hubiera sido diagnosticada con cáncer en fase.

Durante la consulta inicial con el oncólogo de radiación, la doctora me informó que las reacciones más comunes a la radiación eran cambios en la piel, piel roja, irritación, posibles ampollas y fatiga extrema. Lo que no sabes hasta que llegas a casa es la rigidez y la incomodidad en la coyuntura del hombro y las costillas o el daño a los pulmones que causa dolor, fractura, tos, pérdida de aire, daño a los nervios que causa dolor o pérdida sensación en el brazo, daño al músculo del corazón, o un saco que lleva a fallas del corazón, y que pueden surgir cánceres secundarios en el área irradiada o alrededores. ¡Al leer todo esto era suficiente como para querer llamar al oncólogo y cancelar todo mi curso de tratamientos! No lo hice.

Con nervios y todo mantuve mi cita para la simulación lo cual es una sesión para la planificación del tratamiento. Durante la cita se llevó a cabo un escan CT y rayos-x para crear un retrato tridimensional de mi área por tratar. Adicionalmente, el técnico de radiación creó un molde de mi torso superior, llamada cuna, en la que me acostaba en cada uno de mis tratamientos. Lo sorprendente eran las marcas que se dibujaron en mi cuerpo y que fueron resguardadas con cinta adhesiva. Cuando terminamos para irme al vestidor para cambiarme con mi ropa normal, me sorprendió descubrir marcas rojas de plumón Sharpie dibujadas saliendo de mi cuello. ¿Cómo suponía conducirme en público o hasta empezar a explicar las marcas de plumón a los demás?

A pesar de todo lo implicado, seguía decidida a terminar mis terapias de radiación. A la mitad de mi tratamiento, pasé por una segunda sesión de planificación. Esta vez se trataba sobre el "aumento" de radiación que recibiría directamente en mi incisión durante los últimos cinco días de mi tratamiento. Con mi seno expuesto, un técnico de radiación usó un aparato de compresión para prensar mi seno para que mi incisión pudiera ser marcada con plumones Sharpie. Mientras estaba atrapada bajo el aparato de compresión, me llevaron a la máquina de escán CT para otra ronda de rayos-x. Otra vez me encontraba hablando con Dios. "¿Cómo llegué aquí?" "¿Por qué tengo cáncer?" "¡ODIO esto!"

Durante mi sesión de radioterapia, experimentaba un sentimiento ominoso cada vez que me acostaba en mi cuna y la gigantesca máquina redonda me cubría desde mi cabeza y se ponía exactamente frente a mi corazón. Luces infrarrojas grandes dibujaban alrededor del área de tratamiento en mi pecho. Finalmente, luego surgió el sonido de las dosis de radiación catapultando de la máquina como un antiguo aparato militar. Fue entonces que le envié una oración a Dios pidiéndole que pusiera una mano en los técnicos quienes estaban guiando el rayo de radiación en mi cuerpo y otra mano en mi hombro para mantenerme segura hasta el fin de la terapia.

Al final de mi cuarta semana de radiación, la parte izquierda de me pecho y mi axila empezaron a enrojecerse como quemaduras de sol. Sin embargo, durante mi quinta semana, lo rojo se volvió quemaduras y debajo de mi axila izquierda hasta se había chamuscado. Sentía algo de alivio poniéndome una bolsa de chicharos congelada varias veces al día. El dolor era tan severo que Tylenol y Motrin a penas hacían algo. Cada martes mientras estaba en tratamiento, me examinaba mi oncólogo de radiación. Me inspeccionaba mi área tratada para ver mi progreso a través de las radiaciones. Cuando le pedí medicamento prescrito para dolor tales como Vicodin, me dijo que no era necesario y que quizás necesitaba referirme a algún psiquiatra. Me sorprendió completamente su respuesta. ¿Un psiquiatra? ¿A caso bromeaba? Quería preguntarle, "¡A caso a usted le han hecho radiaciones en su pecho que le hayan causado quemaduras de segundo grado!" Me quedé sin palabras. Me palmó en el hombro y de nuevo me ofreció de nuevo referirme a un psiquiatra. Con el tiempo logré conseguir Vicodin, pero esto fue después de quejarme con la trabajadora social en el centro de cáncer.

FISIOTERAPIA

Empecé a recibir terapia física por primera vez un mes después de mi tumorectomía. Noté debilidad en mi brazo izquierdo al abrir la puerta y al acarrear una bolsa de provisiones. El sentimiento era difícil de explicar. Se sentía un dolor general, acompañado de hormigueo que interfería con las funciones diarias. Se me dio una manga de compresión lo cual me ayudó muchísimo. También se me dieron ejercicios para mis músculos pectorales, coyunturas de mis brazos y músculos de mis brazos. La fisioterapista también utilizó una herramienta para "peinar" mi incisión. Este procedimiento algo doloroso era necesario para prevenir que mi cicatriz se hiciera bordo, cicatriz bordeada.

Revisité la fisioterapia para una segunda serie de tratamientos después de la radioterapia cuando estaba experimentando dolor severo en la coyuntura de mi hombro izquierdo y en todas las costillas de la pared izquierda da mi pecho. Esta vez recibí un masaje profundo de tejidos en el área seguido por ejercicios para hacer en casa. Esta técnica de masaje me ayudó a disipar mi dolor, restaurar movilidad en mi brazo y quizá lo más beneficioso de todo, me daba descanso del enojo reprimido por mi diagnóstico de cáncer. Es vital hablar con tu oncólogo sobre debilidad muscular, dolor, adormecimiento, u hormigueo que pudiera sentir debido a cirugía para remover el tumor canceroso y glándulas linfáticas. Lo que pudiera estar sintiendo son los inicios de limfedema. Empezando la fisioterapia, con un especialista en limfedema al principio de su tratamiento de cáncer puede permitirle beneficiarse de restaurar el movimiento completo de sus extremidades.

CIRUGÍA PROFILÁCTICA

Ya me estaba sintiendo de nuevo con esperanza al terminar con mi radioterapia cuando me llamaron para un cita de seguimiento con mi oncólogo. Llegué de nuevo sintiéndome segura y saludable. Quedé completamente sorprendida cuando mi médico me dijo que necesitaba considerar seriamente que se me extirparan los ovarios de manera profiláctica. Me quedé aturdida por su comentario. Pensaba que ya había terminado con las cirugías y tratamientos. Me explicó que el cirujano de senos recomendaba la extirpación de ovarios a pacientes premenopaúsicas cuyo cáncer haya resultado positivo a estrógeno y/o progesterona para prevenir recurrencia. También recomendó una completa histerectomía para proteger de otros cánceres reproductivos que pudieran desarrollarse si decidiera tomar un inhibidor hormonal. ¡Guau! Era demasiado para digerir en una sola cita. En ese momento no me sentí muy esperanzada. Me sentía triste y enojada. Me recordó lo pronto que puede ser aplastada nuestra esperanza cuando menos lo esperamos. Después de una buena llorada, llamé a mi familia para darles la noticia. Hablamos y tratamos de pesarlo para ver si tenía sentido este siguiente paso en mi batalla.

Esperanza, puede resultar ser un término elusivo. Claro, uno se siente esperanzada cuando termina sus tratamientos de cáncer. Nos sentimos jubilosos. Nos sentimos listos para seguir con nuestras vidas o retomarlas después de que nuestro mundo abruptamente se volteó. Recuerdo que después de mi ausencia de un año debido a mis tratamientos de cáncer, en una cena para establecer contactos me encontré con antiguos colegas. Me palmaron el hombro y me vieron a los ojos. Entonces me preguntaron, "¿Todo está bien, vedad? ¿La vas a hacer, verdad?" Recuerdo pausar y penar, "¿Y si la iré hacer?" Estaba llena de esperanza de que iba a sobrevivir el cáncer y vivir una vida larga, pero quién sabe en realidad. Era una pregunta rara para una amiga que había resurgido del infierno. ¿Me preguntarían eso por su propio temor a la muerte? ¿Necesitaban que se les reafirmara su esperanza de que si yo había sobrevivido, ellas lo harían también?

MASTECTOMÍA

Un año y medio después de mi diagnóstico inicial de cáncer de seno, opté por una mastectomía bilateral sin reconstrucción. Fue una de las mejores decisiones que tomé para mi salud, tanto física como mental. Los doce meses después de la radioterapia fueron miserables, tensa por la incertidumbre y emociones que solo la total eliminación de riesgos, no importa el costo, podría curar. Después de la radioterapia, mi seno izquierdo nunca regresó a su estado normal. Continuamente tornándose rosa, a rojo, a color vino y de vuelta. Experimenté una terrible infección una semana antes de una vacación a Europa. El entero lado izquierdo de me pecho se tornó color vino y empezaron a extenderse tiras alrededor por todo mi lado izquierdo de mi tronco. De inmediato me llevaron para un MRI de seno de emergencia ver si ahora tenía cáncer de seno inflamatorio. Afortunadamente, el MRI salió negativo, pero me espantaba el sentimiento de recaer con cáncer mientras tuviera tejidos de seno.

Fue entonces que decidí hacerme una mastectomía. Mi cirujano de seno me recomendó que consultara con un cirujano plástico para considerar la reconstrucción inmediatamente después de la mastectomía. Decline. Había viso y oído lo suficiente sobre complicaciones resultando de la reconstrucción de senos mucha veces resultando en más cirugías acompañado con angustia, miseria y frustración experimentada por el paciente. Ya no quería aguantar más cirugías, mamografías, ultrasonidos, escaneos MRI, o exámenes de mi misma. Quería quedar libre de la ansiedad asociada con la recurrencia en cáncer o implantes disparejos.

Las mujeres en mi grupo de apoyo, junto con mis amigos y familia estaban sorprendidos de oír que no estaba optando por la reconstrucción. Qué lastima que las mujeres tengan que recibir presión para la reconstrucción, quizás será antifemenista hacerse la reconstrucción, por que ciega a los demás de los estragos de la mastectomía. Mas senos entumidos reconstruidos reafirman el estado de los senos como "objetos estéticos" que existen para las miradas de los hombres en vez que para la mujer quien los porta. La reconstrucción es una opción personal. No por que todos los demás se formen para hacerlo significa que tú debas hacerlo también. Sé fuerte con tu decisión y no sucumbas a la presión de la sociedad que da ha entender que una mujer no está completa al menos que tenga senos. Cada célula en el cuerpo de la mujer la hace mujer. Después de una mastectomía, continuas siendo tan bella, amorosa, capaz de criar y femenina que nunca. Los senos son una parte del cuerpo visual; no definen a la mujer entera y todo lo que es capaz como esposa, madre, hija y amiga.

Uno de los beneficios de una mastectomía sencilla sin reconstrucción resulta en una recuperación más rápida. Mi mastectomía fue hecha como cirugía sin internar. Me llevaron a la sala de operaciones a las 8:30 AM el lunes en la mañana y me dieron de alta del hospital a las 12:30 pm el mismo día. Al segundo día, el doctor me dio permiso de conducir y ducharme, a pesar de tener cuatro drenajes y una bomba para dolor adherida. Exactamente una semana después de la fecha de la cirugía, los drenajes y bomba para dolor fueron removidas. Dos semanas después de la cirugía, retomé mi rutina de ejercicio, junto con ejercicios adicionales de fisioterapia para calmar la edema alrededor de mis incisiones. Un mes después de la cirugía, se me midió para sostenes y prótesis postmastectomía. Me encantó volver tan rápido a mi horario normal y no experimenté arrepentimiento alguno por no optar por reconstrucción. Como resultado por mi cirugía, bajé una talla de camisa y pasé un buen tiempo comprando para camisetas elegantes, suéteres, blusas y chaquetas. También sentí alivio y gusto cuando mi reporte de patología regresó como negativo a malignidad.

10 CONSEJOS – DURANTE EL TRATAMIENTO

A continuación hay un alista de consejos que le ayudarán a sentirse mejor de manera física, emocional y económicamente durante la quimioterapia y radioterapia.

Amigos de quimio – Haz una lista de amigos, vecinos y miembros de tu familia que están disponibles para llevarte y pasar tiempo contigo durante las infusiones de quimio. Rota a las personas en la lista para que sea una persona diferente que te lleve cada vez. Asegúrate de tener ha alguien alterno si la persona primaria cancela a último momento. Planea un picnic. Pídele a tu amigo de quimio que traiga comida, mantel, revistas y libros favoritos para compartir. Tu tiempo en el centro de infusión pasará volando si tienes a un amigo que comparta la experiencia contigo.

Ambiente cariñoso – Necesitarás un oído y muchos abrazos durante tus tratamientos. Así que rodéate con un círculo de cariño, amigos amorosos que comprendan la travesía en la que encuentras. También resulta importante dónde recibes tus tratamientos. Encuentra un centro para el cáncer con profesionales de cuidado de saludo quienes han creado un ambiente hogareño de amor, comprensión y cuidado amable.

Toma un viaje virtual – Mientras pasas por un sinnúmero escans CT, MRI y PET, cierra tus ojos y haz de cuenta que estás en un viaje. Puede ser muy difícil estar quieto acostado por 30 a 60 minutos mientras se te hacen los escans. Cierra tus ojos y deja que tu mente divague a una isla imaginaria donde puedes crear tu mejor vacación, junto con bebidas, divanes, una brisa suave y la arena y el oleaje cerca.

Di "Sí" a las comidas – Cuando los amigos y familia te ofrezcan traer una comida, no dudes en decir que, "Sí." Sé específico en cuanto a lo que te gusta comer debido a que la quimioterapia cambiará tus papilas gustativas. Permite que los demás tengan la oportunidad de cocinarte y servirte cuando te sientes cansado y mal. Además, disfrutarás la compañía de un amigo que pare con una comida casera.

Reparte ánimo – Durante tus tratamientos de quimioterapia o radiación, toma un momento para platicar con los otros pacientes quienes parezcan necesitar amistad. Preséntate y escúchalos. Sostén su mano y ofréceles una palabra o dos de ánimo. Cuando hacemos por acercarnos a otros, nos ayuda a conseguir alivio y salir de nuestros propios pensamientos depresivos.

Usa tu sentidos del humor – Mientras pierdes tu cabello, cejas, y pestañas debido a los tratamientos de quimioterapia, tienes que ceder a ello en algún punto. No hay necesidad de estar escondido bajo pelucas y cejas pintadas todo el tiempo. Sorprende a todos durante alguna fiesta y quítate tu peluca y baila sin preocupación en medio de la habitación. Pondrá una sonrisa en sus caras. Esto les pondrá una sonrisa todos y les divertirá un rato.

Masajes mensuales – Date el lujo cada me de un masaje curativo mientras pasas por la quimioterapia. El beneficio terapia de masaje es que calmará el dolor en los huesos, te quitará la mente de tus tratamientos y restaurará el equilibrio de tu bienestar. Economiza y ahorra mediante decir "No" a otros artículos en tu presupuesto. Para el fin del mes, tendrás suficiente dinero para disfrutar de este ritual mensual.

Guarda tus recibos – Guarda lo de tus copagos, deducibles, gastos de tus bolsillos, cobros de seguro y copagos de recetas médicas. Mantén un registro de las millas que viajes de ida y vuelta a tus citas. Estos gastos se suman con rapidez. Al final del año, tus recibos y millaje pueden ser una deducción para el reembolso de tus impuestos de ingresos.

Una actitud positiva – Puede haber momentos en los que te sientas triste y desanimado durante tu travesía por el cáncer. Trabaja en mantener una actitud positiva mediante leer afirmaciones diarias cada mañana cuando te levantes. Carga un libro espiritual en tu bolso o baja una aplicación de afirmaciones para tu teléfono a la cual puedas acudir cuando sientas que estás deslizando de nuevo.

Mantente conectado – El haber recibido un diagnóstico de cáncer quizás te haga sentir que deseas quedarte en casa y pasarla en el sillón. Esto sentir lástima por uno mismo. Recuerda de quedarte conectado con el mundo durante tus tratamientos de cáncer. Puedes hacer esto a través de los medios sociales, escribiendo un blog o uniéndote en grupo de apoyo. El estar en contacto con amigos te hará sentir mejor sobre tu situación actual.

Capítulo 3

ALIMENTOS

"Comer es una necesidad,
pero comer inteligentemente es todo un arte."
~ Francois de La Rochefoucauld

Este capítulo se enfoca en cuatro subtemas: los súper-alimentos, jugos comparados con licuados, comprender el papel del azúcar y reconstruyendo el sistema inmunológico. Antes de que comience a abogar por el comer saludablemente y crear un ambiente ligeramente alcalino en su cuerpo, quiero recordarte que este libro trata en cuanto a transformación. Antes que mi camino tomara un giro equivocado y terminara en el ámbito del cáncer, yo era una persona que se me conocía por tener malos hábitos alimenticios. En mi niñez raspaba la cazuela y lambía las varillas de la batidora después que mi mamá horneaba galletas. Unos años más tarde, cuando regresaba a casa después de un largo día de trabajo enseñando en clase, solo pensaba en devorarme el medio galón de helado directamente del recipiente; aún peor, cuando mis hijos no estaban en casa solía pasar el sábado por la noche viendo televisión y llenando mi garganta de 36 mini donas de azúcar. Nunca pensé que cualquiera de estas absurdas formas de comer me cobraría la factura algún día. En cierto momento me sentí invencible como si las enfermedades graves solo podían sucederle a otros. Ahora me doy cuenta que no es así.

ALIMENTA TU CUERPO CON COMIDA EXCEPCIONAL

Primero, piensa que tu cuerpo es como un templo, adóralo y aliméntalo como si tu vida dependiera de ello. Tu cuerpo ha dependido de lo que tú lo has alimentado a lo largo de tu vida, es solo que no le pusimos atención cuando nos sentíamos bien y prosperábamos, hasta ahora. Cuando tú adoptas el concepto de vivir una vida verdaderamente excepcional te conviertes en una persona muy consciente de todo lo que te llevas a la boca. Como la Dra. Jan Chozen Bays escribió en su libro *Mindful Eating: A Guide to Rediscovering a Healthy and Joyful Relationship with Food*, "Comer conscientemente es una experiencia que compromete todo nuestro ser, cuerpo, corazón y mente al escoger, preparar y comer alimentos."[4]

Ahora, cada mañana cuando despierto, ansío bajar a la cocina y ver toda la comida saludable que hay en el refrigerador. Me pregunto a mí misma "¿Cómo alimentaré mi cuerpo hoy para tener huesos saludables y mantener fuerte mi sistema inmunológico?" Tengo la satisfacción de saber que estoy haciendo todo cuanto puedo por cuidar mi cuerpo. Ponte activo en cuidar de ti mismo. Enfócate en hacer decisiones inteligentes y saludables. Empieza por tomarte el tiempo para estudiar tus alimentos, busca de dónde viene y cómo están hechos. Al conocer mejor a los comerciantes registrados tendrás más conocimiento sobre dónde encontrar productos de alta calidad y alimentos disponibles que sean cultivados orgánicamente.

La planeación de las comidas y la preparación de los alimentos debería ser una agradable experiencia. Date suficiente tiempo para hacer compras en distintos mercados, aprende a acompañar tu bebida con el plato principal; es importante crear un ambiente invitador y acogedor en tu cocina para cocinar y comer. Para lograr una experiencia excepcional utiliza todos tus sentidos mientras compras, preparas, cocinas y comes tus alimentos. Por ejemplo, surte una variedad de granos de café entero fresco en tu alacena para que escojas de acuerdo a tu estado de ánimo. Antes de moler el café toma un momento, inhala el aroma de los granos de café y prepara tu cuerpo para disfrutar del delicioso y maravilloso primer sorbo. Aprende a valorar tu relación con los alimentos.

SÚPER-ALIMENTOS

Científicos han descubierto que ciertos alimentos, súper alimentos, son ricos en ácidos grasos esenciales, antioxidantes o fibra que son vitales para tener un cuerpo saludable y un fuerte sistema inmunológico. También se ha demostrado que el consumo de estos alimentos puede reducir el colesterol, alta presión; ayudan a proteger contra enfermedades del corazón y el cáncer, también puede regular los niveles de azúcar, el metabolismo y quemar la grasa del cuerpo. El proceso de convertir tu dieta de alimentos procesados a uno que contenga mayormente súper alimentos, puede ser desalentador. Mientras tengas bien claro en tu mente que te has comprometido a renunciar a tu antigua forma de comer, entonces habrás triunfado poniendo una cortina imaginaria en tus ojos cuando tengas ante ti comida chatarra. En cambio, tus ojos brillarán de alegría cuando veas los montones de hermosa fruta y vegetales frescos de granja. A continuación se muestra una lista de 10 grupos de superalimentos y sus beneficios:

1. **Aceite de oliva**
Se puede fortalecer el corazón, luchar contra la diabetes y el cáncer, y puede ayudar a perder peso. Para los que tienen la piel seca, es una excelente manera de limpiar su piel, también!

2. **Ajo**
El ajo disminuye el colesterol total y la presión arterial, reduciendo el riesgo de enfermedades del corazón. También destruye los virus y las bacterias causantes de la infección.

3. **Los alimentos rojos y púrpuras** - arándanos, moras, arándanos, uvas, granadas, col roja, pimientos rojos, fresas y tomates. Estos alimentos increíbles contienen antioxidantes que combaten el cáncer, reducen la presión arterial y reducir el colesterol malo.

4. **Frijoles y las lentejas**
Los frijoles y las lentejas, bajos en grasa, calorías

y sodio, pero con alto contenido de fibra dietética, son una excelente fuente de proteína.

5. **Alimentos Orange** - albaricoques, melones, zanahorias, mangos, naranjas, caquis, calabaza, patatas dulces, mandarinas y proporcionan fibra y pueden controlar la presión arterial y normalizar la función del corazón. Protegen su visión, fomentar un buen estado de ánimo, a combatir el cáncer, y mantener los huesos fuertes.

6. **Alimentos verdes** - broccoli, buss els coles, judías verdes, col verde, pimientos verdes, edamame, la col rizada, el perejil, la espinaca, y la espirulina. Los alimentos verdes tienen efectos beneficiosos sobre el colesterol, la presión arterial, la respuesta inmune, la prevención del cáncer y la mejora de la función cerebral.

7. **Pimientos picantes o chiles calientes** - Los pimientos picantes prometen una mejor digestión, un sistema inmune mejorado y una mejor circulación sanguínea y la digestión.

8. **Nueces y semillas** - nueces, almendras, semillas de lino, semillas de chía
Frutos secos y semillas disminuyen dramáticamente su riesgo de cáncer, enfermedades cardíacas y la diabetes, y reducir los signos visibles de envejecimiento como las arrugas y la flacidez de la piel mientras que proporciona proteínas, grasas saludables y fibra.

9. Brotes

Los brotes son un "alimento vivo" que sigue produciendo nutrientes después de ser cosechado. Ellos son el alimento más rico en enzimas y tienen un contenido nutricional más alto que cualquier otro alimento.

10. Yogur y el kéfir

Elija yogur griego sin grasa para empacar proteína en la parte superior de los numerosos beneficios que incluyen el aumento de la resistencia ósea, colesterol reducido, un sistema inmunológico más fuerte y una mejor digestión.

JUGOS Y LICUADOS

Cuando se me diagnosticó por primera vez con cáncer muchas personas me sugirieron que empezara a tomar jugos. He escuchado que los jugos de frutas y vegetales pueden producir beneficios para el cuerpo, pero estaba un poco escéptica. En mi propia búsqueda, encontré que los jugos son populares entre quienes les interesa la medicina alternativa. Frecuentemente se utilizan como medios alternativos para combatir ciertas enfermedades como el cáncer, el fortalecimiento de la defensa celular contra los radicales libres, el alivio del dolor por migrañas y la disminución de la necesidad de medicamentos. Tanto los jugos como los licuados son una manera fácil de obtener sus porciones diarias de frutas y vegetales que de otra forma serían difíciles de consumir.

Antes de empezar la quimioterapia pedí a mi oncóloga un consejo. Ella no recomendó los jugos por que va en contra del propósito de la quimioterapia que es el proceso de matar las células cancerosas. Sin embargo, estuvo de acuerdo en los consumiera después de finalizar el tratamiento. La curiosidad me llevó a buscar la diferencia entre jugos y licuados. De acuerdo con el libro de Jason Manheim, *The Healthy Green Drink Diet*, los jugos contrastan de los licuados en las siguientes formas:[5]

Los jugos proporcionan un impulso nutricional y de energía rápido. Al remover la fibra entonces las vitaminas, enzimas y minerales del jugo entran en el sistema sanguíneo casi inmediatamente permitiendo al cuerpo sentirse instantáneamente refrescado y revitalizado. Además, es fácil de digerir, sin inflamación ni pesadez.

Los licuados son una comida completa. Incluyen vitaminas, minerales, encimas, toda la fibra, proteína y grasas de las frutas y vegetales. Implica menos azúcar ya que se necesita menos fruta para producir un vaso de jugo. Es más fácil de limpiar pues solo enjuaga y deposita.

En mi lectura descubrí que la enfermedad y destrucción se encuentra más fácilmente en un cuerpo que es principalmente ácido. ¿Qué significa que sea ácido? El cuerpo humano se compone de 70 ciento de agua, compuesto de una amplia gama de soluciones, los cuales pueden ser ácidos o alcalinos. El pH de tu cuerpo es una medida del ácido o alcalinidad de esas soluciones. Cuanto mayor es la lectura de pH, más es la catidad de alcalinos y el fluido es más rico en oxígeno. Cuanto menor es la lectura de pH, más es la cantidad de ácido y el fluido puede carecer de oxígeno. Una dieta rica en alimentos que producen ácidos tales como proteínas de animal, productos lácteos, azúcar refinada, cafeína y alimentos procesados ponen presión en los sistemas de regulación del cuerpo para mantener la neutralidad del pH. Debido a su absorción corporal, el ácido en el cuerpo puede sufrir daño prolongado y degeneración resultando en una enfermedad.

"Para mantener una buena salud es recomendable llevar una dieta regular con alimentos que contengan alrededor de 70 ciento alcalinidad y 30 ciento ácidos. Si se encuentra en proceso de recuperación, ya sea de un resfrío o una enfermedad grave, debe seguir una dieta de alimentos que contengan 80 ciento de alcalinidad a 20 ciento de ácidos."[6] Alimentos verdes como las espinacas, col rizada, rúcula, repollo, brócoli, col, acelga y berros, son alimentos con alto contenido alcalínico. Al combinar los alimentos verdes con frutas, tanto en el proceso de jugos como licuados, ayudan a regular la sangre a un estado alcalínico saludable.

Empecé a hacer jugos y licuados después que terminé la quimioterapia y la radiación. Mi hermana donó un extractor eléctrico para mi causa. Al principio, me sentí obligada a seguir recetas y comprar ingredientes específicos, pero me di cuenta que podía hacer mis propios jugos y licuados. Después de algunos experimentos supe que podía inventar mis propios jugos. ¡Ahora es cuando empieza la diversión! Me abastecí de todo tipo de fruta de temporada, frutas congeladas, un surtido de verduras, limones, limas, raíz de jengibre y hojas de menta para dar a mis jugos un extra toque especial. Aprendí que las frutas maduras son las más dulces y las mejores para los jugos, estos son los que mezclo en la licuadora con dos o tres puñados de verduras y otro de zanahorias. Me encanta cómo los jugos me hacen sentir vibrante, viva y alerta.

Puesto que el hacer jugos llegó a ser parte de mi rutina regular, la limpieza se convirtió en una brisa refrescante. Aprendí a desensamblar y ensamblar mi extractor eléctrico en sólo cinco minutos. Como consejo, no demores en lavar tu extractor de jugos, de lo contrario, los restos de pulpa comienzan a secarse y al limpiarlo te costará más trabajo al tallar cada una las partes del extractor. Estas son algunas sugerencias para tomar sus jugos: tómelo despacio y conscientemente, tómate el tiempo para masticar cada sorbo. ¿Masticar? Sí, en ocasiones los jugos frescos son espesos y necesitan que se mastique en vez de sorberse. Esto activa la secreción de la saliva y encimas que preparan su cuerpo para absorber los nutrientes que se encuentran en los jugos.

COMPRENDIENDO EL PAPEL DEL AZÚCAR

¿Has pasado la vida siendo goloso? ¿Has cargado unas treinta libras extras alrededor de tu cintura, caderas y muslos por durante la mayoría de tu vida adulta? Has tratado toda dieta disponible, la mayoría de la gente no parece dominar su adicción al azúcar hasta que son diagnosticados con una enfermedad seria con una enfermedad seria tal y como la diabetes o cáncer. Cuando empiezan a comprender el papel que juega con relación a su salud, verán porque stevia es una mejor alternativa.

HECHOS SOBRE EL AZÚCAR

- Disminuye el sistema inmune. El consumir azúcar puede disminuir sus células blancas, reprimiendo la capacidad del cuerpo para pelear la infección, virus y enfermedades.
- El azúcar alimenta candidiasis. Candidiasis es un sobre-crecimiento levaduriform de hongos en los intestinos lo cual puede estorbar el equilibrio apropiado entre buena y mala flora y puede propagarse por el cuerpo. La candidiasis se desarrolla con azúcares refinados y carbohidratos simples.
- Adicionalmente, los azúcares refinados aumenta los niveles de azúcar en la sangre y te pone en riesgo de diabetes y enfermedades cardiacas.
- Demasiada azúcar incrementa tu cortisol y hormonas estrógeno poniéndote en riesgo de desarrollar el cáncer de seno.
- El azúcar se compone de calorías vacías. No contiene vitaminas o minerales. El azúcar hace que tengas sobrepeso.
- Finalmente, el azúcar te puede causar depresión. Al principio, el azúcar puede incrementar la serotonina, este es un neurotransmisor en tu cerebro que te hace sentir feliz y jubiloso. Este sentimiento elevado inicial es seguido por una baja, un sentimiento de tu energía estrellándose. El azúcar llega ser adictiva ya que se te antoja de nuevo buscando el sentimiento elevado.[7]

¿QUÉ ES STEVIA?

- Stevia es de la familia compuesta, relacionado a la lechuga, caléndula y endivia. Fue descubierto en a finales del siglo diecinueve por el Dr. Moisés Santiago. Nombró la planta Stevia Rebaudiani Bertoni en honor al químico paraguayo Rebaudi.
- La stevia original crecía silvestre en la región alta del norte de Paraguay y el sur de Brasil. Después fue cultivada como endulzante hasta el descubrimiento de la caña de azúcar por los españoles y portugueses. Hoy en día la stevia crece por todo el mundo en China, Japón y otros países asiáticos hasta Sudamérica, Europa, India, Ucrania y hasta Norte América.[8]

LOS BENEFICIOS DE USAR STEVIA

Los estudios han mostrado los siguientes beneficios de usar stevia en la dieta de uno. Estos beneficios no han sido aprobados o confirmados por la FDA.

- La stevia es alcalina.
- La stevia es un endulzante de planta a diferencia de los endulzantes artificiales que contienen químicos dañinos.
- La stevia no afecta los niveles de azúcar en la sangre.
- Es un retardante de sarro, ayudando a prevenir las caries dentales.
- L stevia no es fermentable y por tal razón no actuará como fuente de levadura. (Es por esta razón que la stevia es excelente para quien este sufriendo de candidiasis.)

• La stevia es particularmente útil durante la fase de mantenimiento al perder peso.

La stevia es segura para mujeres embarazadas que están amamantando al igual que para personas con diabetes y para niños. No hay interacción conocida entre la stevia y prescripción alguna o medicamentos de sobre el mostrador. No hay efectos secundarios al consumir stevia y no se sabe que sea contraindicada para condición médica alguna. La stevia no contiene gluten, así que es segura para alguien con dieta libre de gluten.[9]

Mientras pasaba por la quimioterapia, estaba encerrada en mi casa durante el mero invierno. Decidí tomar el proyecto de modificar mis recetas de repostería mediante sustituir por stevia la mezcla para hornear cuando pide azúcares blancas o morenas e infundir súperalimentos como el yogurt y nueces (walnut) para añadir apoyo nutricional. Adicionalmente, eliminé los glaseados de mis recetas a medida que mis pasteles, muffins y pays probaban que estaban lo suficientemente endulzados usando stevia. Finalmente, aprendí a hornear con versiones *no endulzadas* de coco, chocolate y puré de manzana y mis recetas resultaron deliciosas al final.

Mientras repasas mis recetas, aprendí algunas cosas sobre stevia que quiero pasarles a otros. Hay una diferencia entre la stevia cruda y la mezcla para hornear. La mezcla para hornear consiste de una combinación de extracto de hoja, eritritol, y un poco de azúcar que permite que las galletas, pays y pan dulce se hagan cafés al cocerse. A continuación hay 15 recetas que quisiera compartir contigo:

PAY DE NUEZ DE MANZANA

Pay de manzana es uno de los pays que más gusta en América e identifica a casi todas las tradiciones americanas. Su delicioso aroma llena el ambiente y satisface a todo el se complace en el. Al actualizar la receta he sustituido azúcar por stevia y añadí nueces picadas para darle un sabor divino. Mediante el uso de cortadores de galletas en forma de corazón he creado una tapa de masa superior con figuras cariñosas que atraerá a cualquiera a la cocina.

Ingredientes:
Para masa del pay:
3 tazas de harina común
1 cucharadita de sal kosher
1 taza de mantequilla fría, cortada en pedacitos
¼ a ½ taza de agua fría

Para el relleno del pay de manzana:
¼ taza de nueces, finamente picadas
8 manzanas Granny Smith, peladas, sin semillas y rebanadas
2 cucharadas de jugo de limón
½ taza de stevia, polvo para mezclar
2 cucharadas de harina común
2 cucharadas de maicena
¼ cucharadita de sal kosher
1 cucharada de canela molida
¼ cucharada de nuez moscada molida

¼ cucharada de pimienta gorda
½ taza de sidra de manzana hervida
2 cucharadas de mantequilla sin sal, cortada en
cubitos:

Instrucciones:

1. Primero tienes que hacer la tapa de masa para el
   pay: Mezcla la harina y sal en un tazón grande.
   Utilizando una batidora de repostería, corta a la
   mitad la mantequilla, a continuación agrega agua,
   una cucharada a la vez, mientras sacude la mezcla con
   un tenedor para humedecer la masa uniformemente.
   Presiona la masa suavemente para ver si se mantendrá
   unida y cuando esto pase, quiere decir que está
   suficientemente húmeda. Si se desmorona, agrega una
   cucharada de agua.

2. Pon la masa en una hoja grande de papel pergamino.
   Reúnelos plegando una o dos veces. Divide la masa
   en dos piezas, una para la tapa de masa de arriba y
   otra para la de abajo. Aplana la masa haciendo dos
   discos redondos. Da palmaditas en los bordes para
   suavizarlos, después envuelva cada disco en bolsas
   plástico y refrigere durante 30 minutos.

3. Desenvuelve el primer disco de harina y prepara
   un pedazo de papel pergamino. Cúbrela con una
   pieza grande de envoltura de plástico (esto evita
   que la masa se pegue al rodillo). Rueda el rodillo
   sobe la masa desde el centro hacia el borde exterior,
   continúa hasta que la tapa esté 2 ó 3 pulgadas más
   grande que el molde del pay. Engrasa ligeramente
   el molde, después traslada la tapa de masa al molde
   removiendo la envoltura de plástico y quitando el

papel pergamino. Para evitar que la tapa de abajo
se remoje cepilla el interior con una clara de huevo
ligeramente batido. Entonces cubre la base inferior con
las nueces finamente picadas.

4. Precalienta el horno a 425 grados. Enseguida prepara
   el relleno: En una cacerola grande vacía el jugo de
   limón sobre las rebanadas de manzana. En una
   cacerola chica bate los siguientes ingredientes: stevia,
   harina, maicena, sal y especies. Rocía la mezcla sobre
   las rebanadas de manzana y revuelve hasta cubrirlas.
   Agrega la sidra de manzana hervida. Vierte el relleno
   de manzana sobre la base inferior por encima de las
   nueces. Esparce los cubitos de mantequilla sobre la
   parte superior. Para terminar el borde del pay, doble
   la masa hacia abajo para igualarla con el borde del
   molde; después presiona la orilla con los dientes de un
   tenedor para darle un acabado diferente.

5. En seguida, pon la parte superior de la masa entre
   un pedazo de papel pergamino y uno de envoltura
   de plástico y extiéndalo con un rodillo. Utiliza un
   cortador de galletas en forma de corazón para cortar
   la masa. Forma una capa con la masa de corazones
   uno en seguida del otro alrededor del pay. Cuando
   el relleno esté cubierto con corazones, cepilla la tapa
   ligeramente con leche, después espolvorea encima
   stevia. Ponlo en el horno por 20 minutos a 425 grados,
   enseguida reduce la temperatura a 350 grados y déjalo
   en el horno por 40 minutos más. Remueva del horno
   y déjalo enfriar en una rejilla de metal. Rinde: una
   tapa de masa para pay doble de 9 pulgadas.

PASTEL DE PURÉ DE MANZANA

Ingredientes:
1 ½ taza de harina común
1 cucharadita de bicarbonato de sodio
½ cucharada de sal kosher
¾ cucharadita de canela molida
¾ cucharadita de nuez moscada molida
¼ cucharadita de clavo molido
2 cucharadas de linaza
½ taza de pasas
½ taza de arándanos secos
1 taza de nueces, picadas
½ taza de mantequilla sin sal
½ taza de stevia, polvo para mezclar
2 cucharadas de miel
1 huevo grande
1 ⅓ taza de puré de manzana sin azúcar

Instrucciones:
1. Precalienta el horno a 350 grados. Engrasa y enharina un molde Bundt. En una cacerola mediana bate los siguientes ingredientes: harina, bicarbonato, sal, especies y linaza.

2. En otro recipiente mezcla bien las pasas, arándanos y nueces. En una cacerola grande bate la mantequilla con stevia. Raspa el recipiente con una espátula, adentro mezcla miel, huevo y el puré de manzana. Un vez más, raspa el fondo del recipiente con una espátula, agrega y bata la mezcla de harina en tres partes. Finalmente, añade la mezcla de pasas con arándanos y bátelo.

3. Vacía la mantequilla en el molde Bundt. Hornea de 40 a 45 minutos o hasta que al instertar un picadientes en el pastel salga limpio. Deja enfriar el pastel en el molde sobre una rejilla de metal por 15 minutos. Después inserta un cuchillo por una orilla del molde para aflojar el pastel.

4. En seguida, coloca un plato arriba del molde y voltea el pastel al revés. Rebana el pastel en rebanadas de 1 pulgada y sirve.

Hice este delicioso pastel para las enfermeras de oncología en la clínica donde recibí infusiones de quimioterapia. Se lo devoraron.

PAN DE PLÁTANO Y NUEZ

El pan de plátano y nuez siempre ha sido uno de mis panes favoritos por ser ligero. Me encanta tostado con una ligera capa de mantequilla. Pudiera parecer difícil de hacer ya que la mayoría de nosotros hemos visto la fatal parte hundida de arriba que lo arruina, por demás perfecto, el pan de plátano. He recibido muchas peticiones por mi receta de pan de plátano y nuez. Esta receta le hará que quiera regresar por una rebanada tras otra.

Ingredientes:
¾ taza de mantequilla sin sal
¾ taza de stevia, polvo para mezclar
4 plátanos, triturados
2 huevos grandes
1 cucharadita de extracto de vainilla

2 tazas de harina común
1 cucharadita de bicarbonato de sodio
¾ cucharadita de sal
½ taza de buttermilk
¾ taza de nueces (walnuts), picadas

Instrucciones:
1. Precalienta el horno a 325 grados. Engrasa y enharina un molde de metal para pan. Bate la mantequilla y stevia completamente, agrega los plátanos, huevos y vainilla, mezcla bien.

2. Espolvorea juntos la harina, bicarbonato y sal. Revuelve las mezclas de la harina y de plátano, alternando con la buttermilk. Incorpora las nueces y mezcla bien.

3. Vacía la mezcla en el molde preparado. Hornee de 60 a 70 minutos, hasta que al insertar un picadientes salga limpio. Permite que el pan se enfríe en el molde por 15 minutos antes de ponerlo afuera en una rejilla de metal para que se enfríe completamente.

4. Rebana y tuesta ligeramente, unta mantequilla u otras conservas para añadirle otro sabor.

MUFFINS DE LIMÓN ARÁNDANO AZUL

Ingredientes:
½ taza de mantequilla sin sal
½ taza de stevia, polvo para mezclar
2 huevos grandes
2 cucharadas de jugo de limón

2 cucharaditas de cáscara de limón rallada
½ taza de leche
2 tazas de harina comúm
2 cucharaditas de bicarbonato de sodio
½ cucharaditas de sal kosher
2 tazas de arándano azul, frescas o congeladas

Instrucciones:

1. Precalienta el horno a 350 grados. Engrasa el molde para muffin con aerosol antiadherente. En una cacerola para mezcla, bate la mantequilla con stevia. Revuelve lo siguientes ingredientes: huevos, leche, vainilla, jugo de limón y la cáscara rallada.

2. Agrega la mezcla de harina a la cacerola principal en dos secciones. Cuidadosamente incorpora los arándanos azules.

3. Divide la mezcla en el molde para muffins. Hornea de 20 – 25 minutos.

4. Remueve del horno y deja enfriar en el molde por cinco minutos. Cuidadosamente, remueve los muffins del molde con un cuchillo para mantequilla y que continúen enfriándose en una rejilla de metal por 15 minutos más. Rinde: 12 muffins

PAN DE MAÍZ BUTTERMILK

Ingredientes:
½ taza de mantequilla sin sal, ablandada
⅓ taza de stevia, polvo para mezclar
2 huevos grandes

1 taza de buttermilk
½ cucharadita de polvo para hornear
1 taza de harina de maíz
1 taza de harina común
½ cucharadita de sal kosher

Instrucciones:
1. Precalienta el horno a 375 grados. Engrasa un molde de 8 pulgadas. Combina la mantequilla y stevia y mezcla bien. Agrega los huevos y bate hasta que esté bien mezclado.

2. En una cacerola por separado, mezcla buttermilk y polvo para hornear y añádelo al molde principal. Agrega la harina de maíz, harina común y sal hasta que quede bien batido. Unta mantequilla en el molde preparado.

3. Hornee por 30 minutos o hasta que al insertar un picadientes salga limpio. Permite que enfríe por 10 minutos sobre una rejilla de metal.

4. Remueve del molde para que continúe enfriándose. Corta el cuadro en 9 porciones.

MUFFINS DE ZANAHORIA, NUEZ, ARÁNDANO AZUL

Aquí comparto con ustedes mi receta de muffins de zanahoria, nuez, arándano, un acompañante perfecto para comerse con un tazón de chili, o una taza caliente de sidra de manzana. Estos muffins están repletos

de nueces, arándanos, zanahorias, yogurt y avena
haciéndolos también una opción saludable.

Ingredientes:
2 tazas de harina común
1 taza de avena cruda
1 cucharada de polvo para hornear
½ cucharadita de bicarbonato
½ cucharadita de sal kosher
½ taza de stevia, polvo para mezclar
1 cucharadita de canela molida
½ cucharadita de nuez moscada molida
2 huevos grandes
1/2 taza de aceite vegetal
1 ½ tazas de yogurt griego natural
1 cucharadita de extracto de vainilla
1 taza de zanahoria, rallada
⅓ taza de arándanos secos
½ taza de nueces, picadas

Instrucciones:
1. Precalienta el horno a 350 grados. Engrasa un molde
   de copa para 12 muffins. Revuelve los siguientes
   ingredientes: harina, avena, polvo para hornear,
   bicarbonato, sal, canela, nuez moscada y stevia.

2. En un recipiente grande mezcla los huevos, aceite,
   yogurt y vainilla. Añade la zanahorias, después los
   ingredientes secos en dos porciones. Incorpora las
   nueces y arándanos.

3. Coloca la mezcla en la cacerola para muffins. Hornea
   por 25 minutos o hasta que al insertar un picadientes
   salga limpio.

4. Remueve el molde del horno y deja enfriar por 10 minutos sobre una rejilla de metal. Utiliza un cuchillo para untar mantequilla y para sacar los muffins del molde. Deja enfriar completamente antes de guardarlo en un recipiente hermético. Esta receta contiene dos de los súperalimentos: nueces y yogurt.

GALLETAS SUAVES DE MELAZA

Ingredientes:
2 tazas de harina común
1 ½ cucharaditas de bicarbonato de sodio
1 cucharadita de canela molida
½ cucharadita de nuez moscada molida
½ cucharadita de sal kosher
½ taza de stevia, polvo para mezclar
¾ taza de mantequilla sin sal, ablandada
1 huevo grande
1/4 taza de melaza

Instrucciones:
1. Precalienta el horno a 350 grados. Engrasa ligeramente una charola para hornear. En una cacerola mediana, bate los siguientes ingredientes: harina, bicarbonato, canela, nuez moscada y sal.

2. En un recipiente grande mezcla la mantequilla y stevia hasta que estén bien batidas. Añade y bate el huevo y la melaza. Con una velocidad baja del batidor, mezcla poco a poco los ingredientes secos en tres partes.

3. En una cacerola pequeña, pon ¼ de taza de stevia.

Haz bolitas con la masa del tamaño de una cucharada, después ruédalas en la stevia para recubrirlas antes de ordenarlas en la charola para hornear a tres pulgadas de distancia una de la otra. Utiliza la base de un vaso de vidrio para aplanar las bolitas antes de hornearlas.

4. Hornea de 10 a 12 minutos. Deja enfriar por un minuto en la charola, luego transfiera las galletas a una rejilla de metal para que se enfríen completamente. Rinde: 2 docenas. La receta se puede duplicar si deseas hacer más galletas.

GALLETAS DE TROZO DE CHOCOLATE

Ingredientes:
1 taza de mantequilla, ablandada
¾ taza de stevia, polvo para mezclar
2 huevos grandes
1 ½ cucharadita de extracto de vainilla
½ cucharadita de bicarbonato de sodio
½ cucharadita de sal kosher
1 taza de harina coumún
2 ¼ tazas de avena cruda
1 ½ tazas de coco no endulzado, rallado
8 onzas de cuadritos de chocolate no endulzado, cortado en pedazos de ¼
¾ taza de nueces, picadas

Instrucciones:
1. Precalienta el horno a 375 grados. En un recipiente grande, bate la mantequilla y stevia hasta que esponje.

Agrega los huevos y bate hasta que estén mezclados, luego añade la vainilla, bicarbonato y sal; agrega harina y mezcle a baja velocidad hasta que estén bien mezclados. Introduzca la avena, coco, chocolate y nueces.

2. Haga montoncitos de masa para galletas de una cucharada y organízalas en una charola engrasada para hornear aproximadamente tres pulgadas de distancia una de la otra. Después utiliza la base de un vaso para dar suaves palmaditas debajo de cada montoncito.

3. Hornea en medio del horno de 10 a 12 minutos. Deja enfriar las galletas en el molde por 1 minuto, después transfiérelas a una rejilla de metal y permite enfriar por otros 10 minutos y almacena en un recipiente hermético.

PANQUÉ DE LIMÓN

La primera vez que hice este pan, lo serví con fruta. Sin embargo, mis invitados decidieron poner la fruta directamente arriba de la rebanada de pan como si fuera pastel de fresa.

Ingredientes:
1 ½ tazas de harina común
¼ cucharadita de bicarbonato de sodio
¼ cucharadita de sal kosher
¾ taza de mantequilla sin sal
½ taza de stevia, polvo para mezclar

1 ½ cucharaditas de extracto de vainilla
1 cucharadita de ralladura de limón
2 cucharadas de jugo de limón fresco
2 huevos grandes
½ taza de crema agria
½ taza de nueces, picadas

Instrucciones:

1. Precalienta el horno a 325 grados. Engrasa y enharina una cacerola para pan, preferiblemente de vidrio. En un recipiente mediano, bate la harina, carbonato y sal. Ponlo en un lado.

2. En un recipiente grande, bate la mantequilla, stevia, extracto de vainilla, ralladura de limón y el jugo de limón, todos los ingredientes juntos. Agrega los huevos, uno por uno y mezcla bien. Añade y mezcla crema agria.

3. Después introduce la mezcla de harina en dos partes, mezcla hasta que esté bien batido. Finalmente, agrega las nueces picadas. Vierte la mezcla en la cacerola preparada para el pan.

4. Hornea por 70 minutos, luego comprueba con un picadientes si está listo. Deja enfriar por 15 minutos en la cacerola. Inserta un cuchillo y deslízalo alrededor del recipiente, invierte el pan sobre una rejilla de metal y permite enfriar por otros 15 minutos. Finalmente, parte el pastel en rebanadas de 1 pulgada en un recipiente rectangular.

PASTEL DE QUESO MÁRMOL

Ingredientes:
Para el pastel de queso:
3 (8oz.) paquetes de queso crema, ablandado
½ taza de stevia, polvo para mezclar, dividido
½ taza de crema agria
2 ½ cucharadas de extracto de vainilla, dividida
3 cucharadas de harina común
3 huevos grandes
¼ taza de cacao
1 cucharada de aceite vegetal

Para la masa de chocolate:
2 tazas de migas de galletas Graham, picadas
½ taza de cacao
⅓ taza de mantequilla, derretida
¼ taza de stevia, polvo para mezclar

Instrucciones:
1. Precalienta el horno a 350 grados. Para preparar la tapa de chocolate combina las migas de galleta Graham con stevia, cacao y la mantequilla derretida. Presiona la mezcla en el fondo de un molde redondo desmontable de 10 pulgadas. Hornea por 8 minutos. Deja enfriar completamente.

2. Aumenta la temperatura del horno a 450 grados. Para preparar el pastel de queso, bate en un recipiente grande el queso crema, ¼ taza, más 2 cucharadas de stevia, crema agria y 2 cucharadas de extracto de vainilla. Gradualmente agrega harina y mezcla hasta que esté bien batido. Añade los huevos, uno por uno y mezcla bien. Ponlo a un lado.

3. En un recipiente por separado, combina el cacao y 2 cucharadas de stevia, en seguida agruega el aceite, el restante del ½ cucharada de extracto de vainilla y 1 ½ taza de la mezcla de queso crema mencionado arriba. Mezcla bien.

4. Después, con la parte plana de una cuchara embarra el batido de chocolate sobre la tapa de masa de chocolate horneado, terminando con el batido de chocolate arriba; suavemente dibuja un remolino con la punta de un cuchillo sobre el batido para darle un efecto de mármol.

5. Hornea el pastel de queso por 10 minutos a 450 grados. Sin abrir el horno, reduce la temperatura a 250 grados y continúa horneando por 30 minutos más.

6. Apaga el horno y sin abrirlo deja el pastel adentro por otros 30 minutos.

7. Remuévelo del horno. Inmediatamente afloja el pastel de los lados de la cacerola con un cuchillo. Permite que se enfríe a temperatura de la habitación.

8. Después refrigera por varias horas durante la noche. Retíralo del molde. Rinde: de 10 a 12 porciones. Cubre y refrigera el sobrante del pastel de queso.

PAN DE CALABAZA HÚMEDO

La calabaza es baja en calorías y alta en betacaroteno, un antioxidante que el cuerpo usa como vitamina A. ¿Sabías que la calabaza está compuesta de 90% agua?

Durante su máximo crecimiento, por lo general en agosto, las calabazas gigantes pueden aumentar tanto como 40 libras por día.[10] A continuación encontrarás una receta que hice para hacer un pan de calabaza húmedo sin las calorías del azúcar.

Ingredientes:
½ taza de stevia, polvo para mezclar
2 huevos grandes
½ taza de aceite vegetal
⅓ taza de agua
1 (15 onzas) puré de calabaza
1 ¾ taza de harina común
1 cucharadita de bicarbonato de sodio
½ cucharadita de polvo para hornear
1 cucharadita de sal kosher
¼ cucharadita de nuez moscada molida
1 cucharadita de canela molida
¼ cucharadita de clavo molido
¾ taza de nuez, picada

Instrucciones:
1. Precalienta el horno a 325 grados. Engrasa y enharina un molde para pan (8.5 x 4.5). Déjalo en un lado. En una cacerola mediana bate huevos, agrega stevia, aceite, agua, calabaza y mezcla.

2. En un recipiente por separado mezcla harina,

bicarbonato, polvo para hornear, sal, nuez moscada, canela y clavo. Combina ingredientes húmedos con los secos hasta que esté bien batido. Añade las nueces picadas. Vierte la mezcla en un molde para pan.

3. Hornea de 50 a 60 minutos o hasta que al insertar

   un picadientes salga limpio. Deja enfriar el pan en el molde por 10 minutos sobre una rejilla de metal. Después desliza un cuchillo *a lo largo de* los lados del molde para aflojar el pan. Cuidadosamente invierte el molde para remover el pan. Permite que enfríe por otros 15 minutos directamente sobre una rejilla de metal. Utilizando un cuchillo de sierra, parte el pan en rebanadas de ½ pulgada. Sirve en un plato o guárdalo en un recipiente hermético.

GALLETAS DE CREMA DE CACAHUATE

Uno de mis pasatiempos favoritos es beber té inglés y comer galletas. Aún mejor es pasar la tarde remojando esas deliciosas galletas caseras en mi té. Ahora que he convertido el uso de stevia al hornear mis galletas, me siento menos culpable disfrutando ese pasatiempo de mi niñez. Aquí está la receta para las galletas de crema de cacahuate:

Ingredientes:
½ taza de mantequilla sin sal
5 cucharaditas de stevia, polvo para mezclar
1 huevo grande
1 cucharadita de extracto de vainilla
1 taza de crema de cacahuate, estilo trozos

1 ¼ tazas de harina común
¼ cucharadita de bicarbonato de sodio
½ cucharadita de sal kosher
Adicional 2 cucharadas de stevia para el patrón de líneas cruzadas

Instrucciones:

1. Precalienta el horno a 350 grados. En un recipiente grande, bate la mantequilla y stevia. Agrega el huevo, extracto de vainilla, crema de cacahuate y raspe el fondo del recipiente frecuentemente.

2. Coloca un cernidor sobre el recipiente de la mezcla. Cierne y mezcla la harina, sal y bicarbonato.

3. Utilizando una cuchara para galletas mediana haz 2 bolitas del tamaño de una cucharita. Acomódalas en una charola para hornear forrada con papel pergamino, aproximadamente dos pulgadas separada una de la otra. Introduce un tenedor en un recipiente que contenga stevia, para empolvarlo, entonces con el patrón de líneas cruzadas presiona arriba de cada una de las bolitas de masa.

4. Hornea las galletas de 12 a 13 minutos. Antes de removerlas a una rejilla de metal, permite que se enfríen en la charola para hornear. Puede hacer 2 docenas.

TARTAS DE PECAN PIE

Ingredientes:

Para la tapa de masa:
8 onzas de queso crema, ablandado
1 ¼ taza de mantequilla sin sal, ablandada
2 ½ taza de harina común

Para el relleno:
¼ taza de mantequilla sin sal, ablandada
¾ taza de stevia, polvo para mezclar
2 huevos grandes
2 cucharaditas de extracto de vainilla
1 ½ taza de nueces, picadas
⅓ taza de coco rallado no endulzado
½ taza de dátiles secos, picados

Instrucciones:

1. Precalienta el horno a 325 grados. Engrasa 12 moldes para muffin y ponlos en un lado.

2. En un recipiente mezcle el queso crema y la mantequilla hasta que quede ligera y esponjada. Agrega la harina y bate, ½ taza a la vez. Haga 12 bolitas. Presiona una bolita en cada uno de los moldes revistiendo la parte inferior como la tapa de masa interior de un pay.

3. En un recipiente mediano mezcla ¼ de taza de mantequilla y stevia hasta que quede ligera y esponjada. Agrega los huevos y vainilla hasta que esté completamente batido. Añade las nueces, coco y los dátiles. Rellena cada tarta casi hasta arriba.

4. Hornea por 25 minutos. Permite que las tartas se enfríen en el molde de muffin, después utiliza una orilla del chuchillo de mesa para aflojarlas del molde. Guárdalas en un recipiente hermético.

PISTACHO BISCOTTI

Ingredientes:
1 taza de pistachos, pelados y ligeramente tostados
½ taza de mantequilla sin sal
3 huevos grandes
½ taza de stevia, polvo para mezclar
1 cucharadita de extracto de vainilla
3 ¼ tazas de harina común
1 cucharadita de polvo para hornear
½ cucharadita de sal kosher

Instrucciones:
1. Precalienta el horno a 350 grados. En una cacerola grande, bate la mantequilla hasta que quede ligera y esponjada. Gradualmente añade los huevos, stevia y extracto de vainilla hasta que quede cremoso. Agrega la harina, polvo para hornear y sal. Utiliza una cuchara de madera para mezclar los pistachos.

2. Pasa la masa sobre una superficie ligeramente enharinada. Corte por la mitad. Enrolla cada mitad hasta darle la forma de un rodillo de aproximadamente 12 pulgadas de largo por 1 pulgada de alto.

3. Coloca los rodillos en una charola para galletas ligeramente engrasada y hornea por 30 minutos. Deja enfriar por 5 minutos. Ponlos en una tabla para cortar y rebana cada rodillo en rebanadas de 1 pulgada de ancho. Coloca otra vez las rebanadas de galleta en la charola y hornea por 5 minutos.

4. Voltea las galletas y hornea por otros 5 minutos. Deja enfriar las galletas en una rejilla de metal. Después almacena en un recipiente hermético.

PAN DE CALABACITA CON NUECES Y YOGURT

A continuación te daré una receta sin azúcar para el pan de calabaza que contiene dos de los súper alimentos: nueces y yogurt. Encontrarás que el yogurt griego mantiene húmedo el pan hasta por cuatro días. Así que adelante, hazlo sustituyendo azúcar regular por stevia y disfrutarás de este rico pan durante toda la semana.

Ingredientes:
1 taza de nueces en mitades
2 tazas de harina común
½ cucharadita de polvo para hornear
½ cucharadita de bicarbonato de sodio
½ cucharadita de sal kosher
½ taza de stevia, polvo para mezclar
2 huevos grandes
½ taza de aceite vegetal
½ taza de yogurt natural
1 ½ taza de calabascitas, ralladura gruesa

Instrucciones:

1. Precalienta el horno a 325 grados. Unte mantequilla y harina en un molde de metal. Ponlo en un lado.

2. En un recipiente mediano, bate la harina con el polvo para hornear, bicarbonato y sal.

3. En otro recipiente grande, mezcla la stevia con los huevos, aceite vegetal y yogurt. Añade los ingredientes secos a los húmedos junto con la calabacita rallada y las nueces. Revuelve hasta que la masa se humedezca uniformemente. Raspa la mezcla del recipiente y vacía en el molde.

4. Hornea por 70 minutos o hasta que al insertar un picadientes salga limpio. Permite que se enfríe en una rejilla de metal por 30 minutos. Parte el pan en rebanadas de 1 pulgada y sirve con mantequilla y conservas.

RECONSTRUYENDO EL SISTEMA INMUNOLÓGICO

En mi búsqueda por reconstruir mi sistema inmunológico después de los tratamientos para el cáncer, uno de mis doctores me sugirió comer hígado. Al principio, estaba horrorizada con la idea de comer hígado. Al igual que muchas personas, de pequeña me traumó el olor del hígado cuando se está cocinando. Mi mamá, quién era anémica, frecuentemente cocinaba hígado de res y pollo para aumentar su nivel de hierro

en la sangre. También solía comprar otros órganos
de res como lengua de vaca, intestinos y otras cosas
desagradables y las guardaba en el congelador. Cuando
el doctor me recomendó comer hígado, me dí cuenta
que era tiempo de salir de mi complejo y ver la manera
de cocinar el hígado para que me supiera bien.

Primero, asegúrate de comprar hígado de animales
alimentados con pastura y libre de hormonas.

Segundo, sofríe con cebolla, ajo picado y tocino. El
sabor del tocino quitará el mal olor y hará que el
hígado sepa bien. Finalmente, agrega ½ taza de vino
sauvignon blanc al sartén y cocina el hígado de quince
a veinte minutos o hasta que esté en término medio con
un poco de color rosa. El hígado de res olerá como un
platillo gastronómico y también sabrá bien.

El hígado de res está lleno de vitaminas esenciales,
inerales y otros nutrientes que nuestro cuerpo
necesita. La razón por la que es recomendado como
un alimento para reconstruír las células de la sangre
y mejorar el sistema inmunológico es ebido a sus
altos niveles de hierro, ácido fólico y vitaminas A,
D y B12. Por ejemplo, al compararlo con arándanos
azules, col rizada y la carne común, el hígado tiene
53,400 UI de vitamina A, 19 UI de vitamina D, 8.8
miligramos de hierro, 145 microgramos de cido fólico
y 111 miligramos de vitamina B12 en una porción con
medida de 100 gramos.[11] La única desventaja de comer
hígado es que es alto en colesterol.

Capítulo 4

SALUD Y CONDICIÓN FÍSICA

"Un hombre sabio debe considerar que la salud es la más grande de las bendiciones humanas, y aprender como es que por pensamiento propio logre derivar beneficio de su enfermedad." ~ Hipócrates

CÓMO ENCONTRAR CUIDADO DE SALUD EXCEPCIONAL

Es nuestro trabajo ser defensores de nuestro propio cuidado de salud. No podemos, ni debemos esperar que alguien más haga esto por nosotros. Es imperativo que durante nuestras vidas lleguemos a ser miembros activos de nuestro equipo médico, pero en especial, durante nuestro diagnóstico de cáncer. La manera en que podemos encontrar cuidado de salud excepcional es mediante preguntar, buscar segundas opiniones, hacer nuestras propias investigaciones, y mediante expresar nuestra opinión sobre nuestro propio diagnóstico y plan de tratamientos. Existe una declaración de derechos para pacientes. Uno de nuestros derechos es rehusar algún tratamiento recomendado en cualquier punto de nuestro plan de cuidado médico. No le tenga miedo a su médico.

Enfóquese en ser bondadoso, considerado y seguro cuando interactúe con su equipo médico. Asegúrese de pedir una copia de todos los análisis patólogos, resultados de laboratorio, formas de consentimiento, dosis de radiación y una lista de todas los medicamentos usados para su infusión de quimio. Esto es importante por que años después pueden surgir efectos secundarios tardíos del diagnóstico y tratamiento inicial.

Mientras pasaba por la radioterapia, conocí a una mujer que también era paciente de cáncer de seno. Me explicó que ella nunca veía su cuerpo debajo de su cuello cuando estaba frente al espejo. Once años antes de que se le diagnosticara el cáncer, fue con su doctor quejándose de que le dolían sus senos. El médico le dijo que dejara de tomar café y sodas, pero nunca le hizo un examen de seno o mamografía debido a que no tenía seguro. En vez de insistir en un examen de seno, ella se retiró de la oficina del médico y se fue a casa. Más de una década después, su esposo notó una hendidura que cruzaba su seno izquierdo y le dijo que debería ir a que se lo revisaran. Fue cuando se dio cuenta de que tenía cáncer de seno en fase[12]. Este es un ejemplo perfecto de una paciente pasiva.

Cuando llegas a ser un paciente activo en busca de buen cuidado médico, maximizas tus probabilidades de recuperación, mantenerte libre de dolor y lo más funcional posible. El cuidado de salud excepcional exige que le dediques el tiempo y energía para ser un paciente activo y al hacerlo te encontrarás en mejor posición para disfrutar de la vida. Hay muchas opciones disponibles para ti como paciente. Si el medicamento que te dio tu doctor no te funciona, entonces necesitas pedir algo diferente. No hay razón para que alguien sufra sin necesidad.

LE MEDICINA OCCIDENTAL VS. ORIENTAL

La medicina occidental incluye todo tipo de tratamiento convencional, incluyendo cirugías, quimioterapia, radiaciones y fisioterapia llevada a cabo por médicos, enfermeras y otros proveedores de cuidado de salud. Difiere de la medicina oriental o alternativa ya que depende mayormente de medicamento producido industrialmente y adherencia al proceso científico formal. Y por otro lado, los términos, "suplementaria" y "alternativa" para describir una variedad de productos, prácticas, y sistemas no son parte de la medicina de uso común del occidente. Esto puede incluir hierbas y suplementos dietéticos, movimientos del cuerpo, remedios espirituales, extractos y cremas o ungüentos. *La Sociedad Americana del Cáncer* considera la medicina suplementaria y alternativa como diferentes una de la otra:

• La medicina alternativa se utiliza en *lugar* de la estándar o tratamientos médicos de uso común, por lo regular con resultados serios para el paciente.

• La medicina suplementaria se utiliza *junto* con el cuidado médico de uso común. Al elegirse con cuidado y utilizarse apropiadamente, algunas de estas pueden mejorar tu calidad de vida sin causar problemas con tu tratamiento regular.

Por consiguiente encontrarás un pasaje escrito por mi

acupunturista quien explica elocuentemente el acercamiento que he elegido para tratar mi cáncer.

EL CÁNCER: UN ACERCAMIENTO COMPLEMENTARIO
por Ann Losee, DOM

Hace años, antes de ir a la escuela a estudiar medicina china tradicional, me encontré el libro *Between Heaven and Earth: A Guide To Chinese Medicine*, por Efram Korngold y Harriet Beinfeld. En seguida hay una cita que explica la medicina china de manera sucinta y bella: "Dentro de la cosmología china, toda la creación nació del casamiento de dos polos principales, *Yin y Yang: Tierra y Cielo*, invierno y verano, frío y calor, mojado y seco, dentro y fuera, pesado y liviano, cuerpo y mente. La harmonía de esta unión significa buena salud, buen tiempo, y buena fortuna, mientras que la falta de harmonía puede significar enfermedad, desastre, y mala suerte. La estrategia de la medicina china es de restaurar la harmonía. Cada humano es visto como un mundo en miniatura, un jardín en el cual el doctor y paciente se esfuerzan juntos para cultivar la salud. Cada persona tiene un terreno en el cual un mapa tiene que ser trazado, una ecología resistente pero sensible que debe ser mantenida. Tal y como un jardinero utiliza métodos tales como la irrigación y abono para criar plantas vigorosas, el doctor usa acupuntura, hierbas, y alimento para recuperar y sostener la salud."[13]

La medicina Alópata se usa en el cuerpo como si fuera una máquina, con partes individuales que trabajan en conjunto. El doctor se puede ver cómo un mecánico, que puede deducir que se ha descompuesto y por qué el cuerpo no está funcionando bien. Si me rompiera un brazo, quisiera visitar a un médico para ayudarme a restaurarlo. La parte negativa de la medicina Alópata, es que al individuo se le compartimentaría y en esos casos a los pacientes se les envía de un especialista a otro sin conexión al cuerpo completo. En mi punto de vista ambas soluciones son importantes, por lo cual soy firme partidaria de la medicina integrativa, la cual fusiona las dos.

En mi clínica, nos esforzamos por encontrar en que estriban los desequilibrios y hacer lo mejor que podamos para ayudar al cuerpo a restaurar su equilibrio. Pudiera utilizar cualquiera de las siguientes modalidades para lograr el mejor efecto: acupuntura, moxibución, o terapia de ventosas, guía nutricional y alimentaria, medicina cina herbolaria, terapia suplementaria, Qi Gong y otra guía de ejercicio, Reiki o sanación mediante el tacto, y terapia con aceites esenciales. En mi experiencia, la dieta y los hábitos de estilo de vida son una inmensa influencia en la enfermedades en EEUU. Los pacientes con mayor éxito en restaurar su salud son aquellos que hacen cambios apropiados a su estilo de vida, tales dejar de fumar o tomar, comer menos azúcar y alimentos procesados, hacer ejercicio con regularidad, e incorporando la meditación u oración en sus vidas diarias.

Con referencia al cáncer, utilizo este acercamiento complementario para ayudar a mis pacientes con los efectos secundarios de la quimioterapia y radioterapia. La mayoría de los estudios sobre el cáncer y la acupuntura muestran que ayuda con las nauseas, dolor y otros síntomas asociados con la quimioterapia. La acupuntura puede ayudar a mejorar la calidad de vida con los pacientes de cáncer. Me parece importante enfatizar que la acupuntura no puede curar el cáncer. Es mejor cuando se usa junto con tratamientos alopáticos. Adicionalmente, Qi Gong y Tai Chi, técnicas de antiguos artes marciales que pueden usarse para ayudar a los pacientes del cáncer. Un estudio reciente conducido por el Instituto nacional del cáncer y MD Anderson Cancer Center han mostrado que el Qi Gong ayuda a disminuir la depresión y mejorar la calidad de vida en pacientes que pasan por tratamientos de radiación para el cáncer de seno.[14]

He utilizado varios tratamientos suplementarios de la medicina oriental y logrado disminuir con éxito los efectos secundarios de las cirugías, quimioterapia y radioterapia. Es importante que consulte con su médico antes de decidir usar tratamientos de medicina oriental. En seguida encontrará una lista de tratamientos, al igual que una descripción y los beneficios obtenidos.

Visualización – es el uso de técnicas de visualización diseñada para que la mente influya en la salud y bien estar del cuerpo. La visualización me fue muy útil cuando pasé por varios diagnósticos y numerosos MRI y escaneos CT. También lo encontré efectivo en reducir mi temor a la radioterapia, me imaginaba que el rayo de la radiación era una luz curativa.

Masajes – incluye la manipulación, tallar, y amasar los músculos y tejidos suaves con el uso de aceites, aromaterapia y música relajante. Con cada sesión de terapia de masajes que recibí, experimenté una disminución de ansiedad, depresión, y dolor de los huesos.

Terapia polar – es un sistema de tacto y movimiento utilizando las cargas positivas y negativas el campo de energía electromagnético del cuerpo. La polaridad fue efectiva en restaurar el equilibrio del flujo natural de energía por mi cuerpo.

Reiki – es una forma de tratamiento utilizada para manipular los campos de energía dentro y alrededor del cuerpo para liberar los poderes curativos naturales. Puede ser con tacto o sin tacto. Reiki es la palabra japonesa que significa "energía universal de la vida." Reiki me ayudó a mitigar mi ansiedad y a experimentar la relajación completa.

Acupuntura – es la técnica en la que agujas bien delgadas de larguras diferentes que se insertan en la piel para tratar una variedad de condiciones. La acupuntura resultó extremadamente efectiva en tratar mis nauseas causadas por los medicamentos de la quimioterapia y para aliviar el dolor de los huesos y musculares durante las quimioterapias y radioterapias.

Aromaterapia – es el uso de sustancias fragantes destiladas de plantas, aceites esenciales, para alterar los estados de ánimo y para mejorar la salud. Pueden ser inhaladas o diluidas con aceite de olivo y untadas en la piel. El aceite de menta resultó ser efectivo en reducir la intensidad de mis bochornos. También el aceite de lavanda fue efectivo para reducir la ansiedad y promover la relajación.

Yoga – es un programa de ejercicios que incluye posiciones precisas y actividades de respiración para crear una unidad de la mente, cuerpo, y espíritu. La yoga fue efectiva para aumentar mi fuerza en mi tronco, restaurar mi equilibrio, para relajación y buena condición física.

Feng Shui – es la antigua filosofía china de poner objetos físicos para promover el flujo beneficioso de energía vital o la fuerza de la vida llamada chi y para permitir a la humanidad vivir en armonía con el ambiente y el universo. Implementé los cinco elementos de Feng Shui ~ madera, fuego, tierra, metal y agua ~ cuando construí un jardín para bienestar en mi patio detrás de mi casa. Este jardín llegó a ser mi santuario para sanación durante la recuperación de mi cáncer.

Terapia de arte – es una forma de tratamiento utilizada para ayudar a la gente con problemas físicos y emocionales mediante usar actividades creativas para expresar emociones. Provee una manera en que las personas expresen sus preocupaciones no expresadas al igual que preocupaciones subconscientes de su enfermedad. Cuando pasaba por los tratamientos para el cáncer una amiga también estaba sufriendo múltiples enfermedades, nos juntábamos con regularidad para tener sesiones de terapia de arte. Ambas nos beneficiamos de ventear de esta manera creativa. También puede encontrar talleres de curación mediante la música, arte y diarios que están disponibles a través de la red de centros de cáncer en su hospital local.

POR QUÉ LA BUENA CONDICIÓN FÍSICA ES IMPORTANTE PARA UNA VIDA EXCEPCIONAL

Antes de que me diagnosticaran con cáncer, nunca tuve un régimen regular de ejercicio. Tomaba caminatas de ves en cuando, quizás por 30 minutos, alrededor de mi vecindario una o dos veces a la semana. Estas caminatas por lo regular empezaban cuando me sentía culpable de mi sobre indulgencia en postres o después de pasar tardes comiendo masa de galleta. Nunca ejercité por placer o para mantener mi cuerpo en buena condición.

Un año antes de me diagnóstico, me dio curiosidad por la yoga. Empecé a asistir a las clases de yoga para principiantes dos veces a la semana y encontré que disfrutaba de la experiencia por que mantenía mi artritis en control y no requería sudar mucho. Continué asistiendo activamente a la yoga durante mi diagnóstico, cirugía y quimioterapia debido a la conexión entre la mente y el cuerpo. La yoga me daba claridad y propósito en mi vida. También ayudaba a aliviar algo de las nauseas asociadas con la quimioterapia. Cuando la quimioterapia me hacía sentir mareada durante la clase de yoga, pronto encontré una forma de ejercicio sustituto que mantenía mi cabeza erguida. Empecé a correr en la trotadora, seguido por 30 minutos de levantar pesas livianas. Con el tiempo, le añadí veinte minutos en la máquina elíptica tres veces a la semana. Por primera vez en mi vida, me comprometí al ejercicio de manera regular por que disfrutaba de las sesiones y anhelaba los resultados positivos del ejercicio: una mejor actitud, menos depresión, mantener mi peso bajo, e incrementar la tonificación muscular.

El ejercicio es importante para una vida excepcional debido a que promueve la buena salud y una vida equilibrada. Mientras vamos detrás de lo que nos apasiona y mantenemos una dieta equilibrada, debemos encontrar tiempo dentro de nuestro horario semanal para ejercicio regular de por lo menos tres a cinco días. Si no puedes pensar cómo hacer ejercicios, entonces empieza por caminar en tu vecindario tres veces a la semana por treinta minutos cada vez. Hay muchos centros en tu comunidad que ofrecen clases y un gimnasio con pesas. Llama a tu centro comunitario local, YMCA o algún gimnasio. Allí encontrarás clases para adultos en yoga, Zumba, spinning, tai chi, y natación. Las personas mayores de 50 años por lo regular reciben un precio rebajado así que podrás incorporar unas clases semanalmente por una tarifa mínima.

Considera unirte a un equipo local de boliche o

bochas. No sólo te beneficiarás del ejercicio sino que harás más amistades. Mi padre, sobreviviente de cáncer quien pasa los setenta, siempre ha disfrutado del ciclismo. Él es miembro de dos clubes de ciclismo que lo mantienen en la bicicleta tres veces a la semana de 40 a 60 millas cada vez. Además, estos clubes planean salidas y viajes para acampar, esto también le provee la oportunidad de disfrutar de una vida social completa. Si tú has pasado una gran parte de tu vida adulta en el sofá viendo televisión, entonces es tiempo de hacer un cambio de estilo de vida mediante a comprometerte a salir de esa costumbre vieja y empezar a moverte. Mediante hacer esto, llegarás a ser un ejemplo para tu cónyuge, hijos y todos a tu alrededor.

Capítulo 5

BELLEZA

"Todo contiene belleza, pero no todos la ven."
~ Confucius

LA BELLEZA Y EL CÁNCER

Durante mi tratamiento de quimioterapia, no sólo perdí el pelo en mi cabeza sino en todo mi cuerpo. Después que perdí los bellos de mis brazos y piernas, desarrollé una sensibilidad a las temperaturas frías. La sensibilidad se intensificó por el hecho que estaba pasando por la quimio durante los meses de invierno cuando las temperaturas bajaban a menos de 20 grados en las noches. ¡Me acuerdo bien estar en la regadera un día cuando vi abajo y me di cuenta de que había perdido todo me bello púbico! Grité al ver que todo mi cuerpo estaba completamente desnudo de todo bello, lo que incluía mis pestañas y cejas.

Antes de que se cayera el pelo, mis uñas se habían descolorido con un tinte café y algunas de mis uñas empezaron a levantarse. Intenté lo mejor posible mantener mis uñas recortadas y fuera de la vista de los demás. Afortunadamente, no perdí alguna de mis uñas. Aparte, durante mi tratamiento de quimio, la piel en mis manos y pies se descarapeló completamente. Estaba algo fea, lo bueno es que mi oncólogo sugirió usar la crema Aguaphor lo cual me alivió este efecto secundario indeseable.

Mi tratamiento de quimioterapia tomo cinco meses para completarse. A medida que veía mi apariencia física cambiar de mujer vibrante a alienígena irreconocible, empecé a contemplar el tema de la belleza y toda la presión que la sociedad que ejerce sobre una mujer por mantener una apariencia físicamente. En mi caso, empecé a usar cosméticos a la edad de doce años. Después me teñí el pelo a los 28 años. Después de mis treinta mi rutina de belleza incluyó manicures, pedicuras, y masajes. Después de mis cuarenta, empecé alaciar y hacerme rayos en el cabello y añadí las ceras para mis cejas y faciales dentro de mi régimen de belleza. Cuando cumplí 51, ya había pasado cientos de horas en salones de belleza y gastado miles de dólares en tratamientos de belleza. Hice esto pensando que me haría feliz y pensaba que otros me verían atractiva.

Empecé a preguntarme ¿por qué? ¿Regresaría a un régimen de belleza tan intenso o sentiría suficiente confianza para ser mi propia persona y crear una rutina más liberada? Sin pelo en mi cuerpo me estaba ahorrando tiempo y dinero y podía enfocar mi energías en actividades más constructivas. Por lo tanto, cuando veo mi reflejo en el espejo, casi no reconocía a la mujer que veía. Se veía simple y andrógina, pero sabía que en realidad yo era quien estaba adentro. También odiaba las cicatrices de mis cirugías que parecían resaltar como medallas que me había ganado con mucho esfuerzo en mi guerra contra el cáncer. Cada noche las cubría con crema de vitamina E con la esperanza que se desaparecieran más rápido. ¿Pensaba más allá en si algún hombre me encontraría atractiva lo suficiente como para querer sostener una relación conmigo?

Mientras viajaba a California para visitar a mi familia, tuve que trasbordar en el Aeropuerto Internacional de Los Ángeles. Estaba disfrutando de un respiro en un bar de deportes, cuando entraron cinco mujeres jóvenes con diferentes tonos de pelo güero. Observé mientras hablaban y se reían y lo sacudían por todos lados. En secreto las envidiaba a medida que me encogía aun más debajo de mi peluca sintética. Pensé, "¿En realidad es belleza el tener pelo güero falso, bronceados rociados y maquillaje cargado?" Ciertamente eran mujeres bellas pero, ¿a qué costo? ¿Pudiera encontrar belleza con una apariencia más natural? Es entonces que le pregunté a mi querida amiga Shannon si podía compartir su definición de belleza.

¿QUÉ DEFINE LA BELLEZA?
por Shannon Hoskovec

Crecí escuchando, y con el tiempo, creyendo que estaba fea. No entendía lo que era la belleza, pero si estaba segura que no era lo que se reflejaba cuando estaba frente al espejo. Así que no estaba consciente de cómo trataba a ese cuerpo feo. Pensaba que sólo las cosas bellas debían cuidarse, admirarse y tenerse en estima.

Fue hasta que empecé a ver lo que de verdad es la belleza. Vivo en el desierto montañoso de Nuevo México. En más de una ocasión, me he detenido a admirar la maravillosa puesta del sol y todos los gloriosos colores que encienden el horizonte. Esto es el efecto que tiene la belleza – completamente nos suspende en el tiempo y nos llena de placer. La belleza es una experiencia.

A medida que me abrí a la belleza que nos rodea en la naturaleza: cielo, estrellas, fases de la luna, las ilustres flores y bellos animales, y hasta las innumerables personas que entran y salen de mi vida, me di cuenta que hasta este cuerpo feo tiene belleza. Al tener tal tesoro debe ser tratado con cuidado, y hasta admirado, y mantenido en estima.

La belleza se muestra en la naturaleza sin obstáculos y a través del Dios de la naturaleza. Así que investigué sobre lo mejor que podía proveerle a mi piel, pelo, y cuerpo. Esta es la manera en la que busco mis necesidades de belleza. Mi cuerpo merece la experiencia de la vida y la belleza, si por ninguna otra razón, el hecho de que Dios sí ve belleza en mí. La belleza pura tiene su fundamento muy adentro del cuerpo. Dentro, donde moran las células singularmente complejas, empieza el proceso que apoya al cuerpo y otorga belleza. Cuándo a esta célula se le alimenta vida, cría vida. Esta vida es la semilla de la belleza. Yo creo que para poseer verdadera belleza, debes tomar en cuenta a esta célula.

Cualquier producto para la piel que apoye a las células, que da a las células los nutrientes y alimento que necesitan, es apropiado para le cuerpo. Cualquier producto que contenga Parabens, químico no natural, o resulta dañino a las células es más apropiado que esté en la basura. Siendo que requiero productos que aplico tópicamente al igual que los que se toman para nutrir las células, investigué y consideré muchos productos y compañías y finalmente encontré una compañía cuyos productos satisfacen mis necesidades y expectativas. Quizás gaste un poco más en estos productos pero utilizó mucho menos. Lo que uso apoya mis células y belleza. Ahora puedo experimentar la belleza verdadera.

CUIDADO DE CABELLO

Perder el pelo durante el tratamiento del cáncer puede ser muy devastador. Para muchas mujeres, la pérdida del pelo es el efecto más traumático de la quimioterapia. Algunas mueres declinan a la quimioterapia debido al temor del perder el pelo. Puedo asegurar que la pérdida de pelo debido a los tratamientos del cáncer es por lo regular temporal. Hay muchas maneras creativas de tratar con la pérdida de pelo: pelucas, turbantes, bufandas y gorras. Guarda un mechón de tu propio pelo para igualar el color en caso de que decidas obtener una peluca.

Las pelucas pueden crear la imagen de pelo grueso y saludable. Hay dos tipos: pelucas sintéticas ya hechas o pelucas de pelo humano hechas a la medida. El costo de una peluca puede oscilar entre los $150 a $1,000. Recomiendo hacer comparaciones con la compra mediante probarse una variedad de diferentes estilos y tipos antes de decidirse por una. Tu oficina de la Sociedad Americana para el Cáncer pudiera proveerte gratuitamente una peluca donada. De otra forma, puedes llamar a tu compañía de seguro de salud e inquirir sobre un reembolso por una prótesis craneal. Este es el término que se utiliza en la industria de los seguros para proveer a los pacientes una peluca. La mayoría de las compañías de seguro tienen cobertura entre $300 a $500 para reembolso. Guarda tus recibos y pide al proveedor que firme la forma de seguros apropiada.

Cuando primero supe que perdería mi pelo, le pedí a una amiga que había pasado por quimioterapia que me acompañara a una tienda de pelucas. Cuando llegamos a la tienda, me maravillé de cuantos estilos y colores de los cuales había para escoger. Cada peluca tenía su propio nombre: Helena, Nicole, Kristina y así por el estilo. Decidí divertirme un poco mediante probarme pelucas con pelo lacio y con rayitos. Habiendo tenido pelo rizado natural toda mi vida, siempre había soñado sobre lo que se sentiría tener pelo perfectamente lacio que cayera en el mismo lugar cada vez. Me compré la peluca 'Heather' y con orgullo me la llevé puesta a casa, viendo a ver si otros conductores notaban me nueva apariencia. Durante el curso de seis meses de calvicie, recibí muchos elogios y miradas al traer la peluca que muchas personas habían sugerido que consideré estilizar mi pelo nuevo de esa manera. Debo admitir que el usar una peluca simplificó mi rutina de belleza diaria de manera dramática. Ya nada de secadoras, rizadoras, planchas alisadora y fijadores para el pelo. Podía componer toda mi imagen en cinco minutos.

Cuando mi pelo nuevo creció, grueso y saludable, mi oncólogo me permitió teñirme el pelo. Después de veinte y cinco años de dañarme el pelo con secadoras comerciales tóxicas, tome mi decisión de usar los tintes de pelo más puros que pudiera encontrar. Fue cuando descubrí los Sistemas de tintes orgánicos hechos de extractos orgánicos certificados, ingredientes naturales y libre de parabenos. Una amiga me refirió al único salón orgánico certificado en mi ciudad. Mi estilista, Nicole, compartió conmigo la importancia de usar productos orgánicos.

ORGÁNICOS PRODUCTOS DE BELLEZA
por Nicole Kuhlmann

En mi profesión como estilista de pelo, he conocido mucha gente maravillosa, desde doctores, escritores hasta madres que se han dedicado al cuidado de sus hijos. Las que más han tocado mi corazón son quienes han sobrevivido el cáncer. Estos son los clientes que quieren cambiar sus hábitos diarios que quizás hayan contribuido al cáncer para mantenerse libres del cáncer. Habiendo tenido dos abuelas con cáncer de seno, comprendo su deseo por cambiar.

Parabenos son una de mis más grandes preocupaciones cuando se trata del cáncer. Son un tipo de químicos usados ampliamente como conservativos por las industrias cosméticas y farmacéuticas. Parabenos son conservativos efectivos en muchos tipos de fórmulas. Pueden encontrarse en champús, cremas humectantes comerciales, geles para afeitar, desodorantes, soluciones de roseo para broncear, maquillaje y pasta dental. El problema es que pueden ser absortas a través de la piel, sangre y sistema digestivo. Los estudios muestran que nuestras glándulas linfáticas suelen absorber los Parabenos. Cuando se practican biopsias en pacientes de cáncer, muchas veces se detectan los Parabenos en pruebas diminutas del tumor. Siendo que el 40% de los tumores del cáncer de seno se encuentran in la parte superior del cuadrante externo, es muy probable que existe un vínculo entre los Parabenos y el cáncer.

El día de hoy, soy colorista orgánica de cabello autorizada. Para los servicios ofrecidos en el salón, incluyendo uñas, cabello, piel y cuerpo, se utilizan productos no dañinos al medio ambiente del Reino Unido. Me resulta gratificante saber que puedo ayudar a las mujeres a mantenerse libres de las toxinas y a la vez verse lo mejor posible. Haré lo que tenga que hacer para ser un ejemplo a seguir positivo y llevar una vida orgánica libre de toxinas. Todos podemos marcar una diferencia empezando por nosotros mismos.

Capítulo 6

ACTITUD Y PASIÓN

"La actitud es algo tan pequeño que puede marcar una gran diferencia" ~ Winston Churchill

CAMBIANDO LAS PERCEPCIONES Y ACTITUD

El estigma del cáncer se refiere a una precepción negativa de una persona afectada por el cáncer. El estigma puede ser interno; puede afectar la autopercepción de los sobrevivientes, causando el culparse a sí mismos o a otros y vergüenza. Puede causar discriminación, pérdida de trabajo o ingresos, o aislamiento social. El estigma impera cuando la falta de información y la ansiedad existen en una comunidad donde no se ha concientizado a la comunidad sobre el cáncer. En un mundo en desarrollo, el estigma y misterio que rodean al cáncer es tan grande que la palabra "cáncer" rara vez se utiliza y no se habla de la enfermedad abiertamente. Cuando el estigma, temor y silencio rodean el tema del cáncer, más personas sucumben al cáncer.

Para querer adelantar de manera positiva y lentadora, necesitamos ajustar nuestra actitud hacia el cáncer. Lo último que necesita un paciente de cáncer es sentirse aislado de los amigos o temer que alguien que lo ama lo abandone. En muchos países, el estigma alrededor del cáncer y la precepción del cáncer es de una sentencia de muerte que tiene un gran impacto en los pacientes. Un estudio conducido por Lance Armstrong Foundation que se destacó en la International Conference on Global Health se encontró que en nueve países, Japón, México, Rusia, Argentina, China, Francia, India, Italia y Sudamérica, el 25% de lo entrevistados creían que los pacientes se habían acarreado a sí mismos el cáncer. Más de la mitad de los entrevistados en China e India concordaron con ese sentimiento.[15]

El cáncer nos puede cambiar de muchas maneras, físicamente, emocionalmente y espiritualmente. Le pregunté a mi amiga Martha Powell que me compartiera cómo le había dado un giro a su actitud y había procurado una vida excepcional después de su diagnóstico de cáncer.

UNA ALTITUD POSITIVA
por Martha Powell

Cuando se me pidió que escribiera un artículo sobre la actitud positiva durante y después del cáncer, pensé que escribir sobre una altitud positiva podría ser mejor. Dando un vistazo a mi elevación en la vida.

Cuando me diagnosticaron en el 2000 con Linfoma NoHodkin, etapa IV, la altitud de mi vida se salió de su orbita. Sentía que era difícil respirar. Tal y como un alpinista, me di cuenta que era un proceso de aguante. Saliendo desde la base y de campamento en campamento. Poder sobrevivir el primer diagnóstico era mi campamento base, el principio de la travesía de supervivencia al cáncer.

La escalada de la gran montaña denominada "Cáncer" resulta ser un territorio virgen para la mayoría de nosotros. Tal y como los alpinistas de la montaña Everest, hay guías (otros sobrevivientes) y sherpas (proveedores de cuidado/familiares) quienes nos ayudan a cargar las mochilas cuando se ponen muy pesadas. Al final de mi tratamiento cuando alcancé la cúspide, me tuve que preparar para el descenso. ¿Cómo puede uno lidiar con tanto que ha cambiado personalmente en un mundo en el que parece que las cosas han seguido igual. Esta es tal travesía.

En mi caso, la altitud positiva me ayudaba a seguir día en día hasta que podía planear un mes a la vez, a un año y así por el estilo. Ahora procuro mantener una elevación que sostenga una vida favorable.

Si nuestra altitud se mantiene positiva, nos permite respirar, nos da una vista más clara y nos impide caer en una altitud más baja donde las presiones de la vida aplastan nuestra valor por continuar o de poder elevarnos a una altitud en que el aire es tan delgado de sueños y aspiraciones. La altitud positiva es cuando el aire está lleno de esperanza y vida.

Toma algo de trabajo para estar en la altitud apropiada en la vida pero vale la pena el esfuerzo. La vida antes de la experiencia del cáncer podía ser más fácil pero también tenía sus desafíos. La diferencia es que ahora conozco el bouquet de gratitud. Esa fragancia que dice, "Estoy viva."

Adelantando al día actual, han pasado 13 años desde mi diagnóstico y primeros tratamientos. En el 2001 y 2004 me volvió a ocurrir. Pasé por más tratamientos. Ahora me encuentro en remisión. Trabajo en mantener mi altitud positiva. Mantenerme en la elevación apropiada me ayuda a florecer como sobreviviente.

Como profesional de viajes, organizo grupos para cruceros (Cruceros para sobrevivientes de cáncer, productores de vino y otros) y dono una porción de las ganancias a Cancer Center Foundation de Nuevo México. Esto ayuda a los pacientes a sentir un respiro dentro de su altitud con necesidades más allá de lo médico.

Algunos de los sobrevivientes prefieren separar sus vidas de su travesía por el cáncer, tratando la travesía como una semilla mala. En la elevación apropiada, tengo la convicción de que esta semilla puede florecer en muchos preciosos dones; compasión, amistades, gratitud, amor y más.

¡Encuentra tu **altitud** positiva y emprende tu desarrollo!

¿QUÉ TE APASIONA?

Muchos sobrevivientes del cáncer experimentan su enfermedad como una llamada de atención. Hacen cambios dramáticos a con su dieta y vida diaria para incluir un nuevo régimen de ejercicio. Otros ven su diagnóstico como una segunda oportunidad para aprovechar la vida e ir tras sus pasiones. Vivir una vida excepcional es darse permiso para estar enteramente adentrado en la vida realizando lo que le emociona. Hay muchas vías disponibles para mantenerse contento durante supervivencia: viajando, ajardinando, bailando, cocinando, clases de arte, clubes de ciclismo, clubes de lectura, cruceros para disgustar vinos, clases de tecnología, andar a caballo, trabajo voluntario, o hasta involucrarse en la investigación o recaudación para el cáncer. Mi vecino, sobreviviente de cáncer de riñón, está completamente feliz en su jubilación. Se mantiene activo haciendo los que de veras le emociona en la vida: carreras de autos, carpintería, y jugando golf con sus amigos. Cada vez que lo veo está completamente adentrado en su vida y no apunto a dejar que su diagnóstico lo apachurre.

Una de mis pasiones es la jardinería y las actividades a la intemperie. Cuando me enfermaba con nauseas y fatiga mientras atravesaba por la quimioterapia, opté por usar mi pasión por la jardinería para diseñar un Jardín de retiro y bienestar en mi patio. Aunque mi tratamiento era a medio invierno, utilicé este tiempo para dibujar mis diseños, investigué sobre materiales para terrazas y entrevistar a contratistas. Cuando llegó la primavera, estaba lista para echar manos a la obra. En mi búsqueda por crear un jardín excepcional, diseñé un plan para la parte de enfrente y atrás de mi casa que me permitiera empaparme de la belleza natural de las montañas acompañadas con suficiente espacio en la terraza relajarse y meditar.

La meta de mi diseño a la intemperie era crear un retiro donde sanar de mis tratamientos de cáncer y restituir mi alma. Quería incorporar cada uno de los elementos Feng Shui: madera, tierra, fuego, metal y agua. La construcción empezó a principios de marzo cuando todavía estaba nevando en las montañas. Mientras los contratistas instalaban postes de madera y construían la forma para la terraza, empecé hacer las compras de las flores, plantas, muebles y otros accesorios. Cuando se terminó la construcción, invité a cinco amigas para ayudarme a plantar las flores, desparramar los pedacitos de madera, colgar las campanitas tubulares de viento y crear un camino serpenteante con piedra baldosa. Dentro de dos horas, habíamos transformado mi patio en un refugio acogedor. En seguida encontrarán una experiencia de otra sobreviviente de cáncer que aprovecha al máximo sus pasiones:

DESARROLLA UNA LISTA DE DESEOS

Al hablar con muchos sobrevivientes de cáncer, descubrí que algunos no tienen motivación, ambición, o dirección. Solo existen para ir de una cita médica a otra. Han permitido que el diagnóstico de cáncer domine sus vidas diarias y al hacer eso, yo creo que se están exponiendo a que vuelva a ocurrir. Esta no es una vida excepcional en la cual vivir. Es una existencia nefasta. Al crear una nueva vida después del cáncer, es importante crear una lista de deseos para las metas en su vida. Esta lista puede incluir actividades que quiere lograr y/o lugares que quiere visitar para tener un sentido de dirección para saber qué sigue.

Empieza por tomar una libreta y escribir 20 cosas que te gustaría hacer. Si te queda algún blanco, no te desanimes. Tómate un descanso y guarda la lista por un rato. Este es un proceso progresivo. Piensa fuera de la caja. No te vayas a la segura. Esta es una lista de las cosas que siempre has querido hacer. Enfócate en diferentes facetas de tu vida. Piensa en tus pasatiempos, relaciones, finanzas, habilidad atlética. La mayoría de los artículos en la lista por lo regular tienen que ver con viajes. Sin embargo, si siempre has querido escribir un libro, definitivamente añade eso a lista también. Lee las listas de otras personas. Hay docenas de sitios web con ejemplares de listas de deseos.

Refina tu lista. Quita los sucesos más imposibles o improbables que probablemente nunca sucederán. No taches cosas simplemente por que no tienes valor. Si aprendes a esquiar y es una de tus metas y no sabes si quieres hacer esto, entonces incluye el tiempo para

tomar lecciones para fortalecer tu autoconfianza.
Empieza con lo más pequeño que son más fáciles de
lograr. Esto te mantendrá motivado y animado para
trabajar hacia las demás metas. Mantente atento a
nuevas ideas. A medida que conoces gente nueva
todos los días, practica saber escuchar atentamente
en entornos sociales. Escribe con prontitud las nuevas
ideas que está escuchando en tu libreta que puedes
instalar como aplicación en tu teléfono. El objetivo de la
lista de deseos no es solo divertirse, sino para encontrar
un sentido. Al poner estos artículos en su lista, está
esforzándote por obtener logros y crecimiento interno.
Hay muchas listas de deseos dependiendo de tus
intereses. Abajo confeccioné varias listas organizadas
por tema. Repásalas y ve si algunas de estas despiertan
tu curiosidad. Si así es, añade esos artículos a tu propia
lista.

LISTA DE AVENTURAS

1. Viajar en un globo aerostático.
2. Usar un parapente.
3. Ir a Acapulco intentar paravelismo.
4. Experimentar el paracaidismo.
5. Viajar en helicóptero.
6. Bucear.
7. Ir snorkeling.
8. Nadar con tiburones.
9. Montar un toro mecánico.
10. Escalar la montaña Kilimanjaro.
11. Escalar la montaña Everest.
12. Caminar sobre el fuego.
13. Saltar de una cuerda bungee.
14. Ir rafting en aguas claras.
15. Correr un carro de carreras.

16. Batir un record Guiness.
17. Escalar un peñasco.
18. Aprender a volar un avión.

LISTA DE LUGARES QUE DESEAS VISITAR

1. Caminar el puente Golden Gate en San Francisco
2. Ir al mercado Pike Place en Seattle
3. La montaña Rushmore
4. Visitar el Empire State Building
5. Subir a la Estatua de la Libertad
6. Visitar SeaWorld Florida, Orlando
7. Ir a los Estudios Universales, Hollywood, CA
8. La playa Waikiki, Oahu, Hawái
9. Mundo Disney

LISTA DE MUSEOS QUE DESEAS VISITAR

1. El Prado en Madrid, España
2. La Galeria Uffizi en Florencia, Italia
3. El Hermitage en San Petersburgo, Rusia
4. The Metropolitan Museum of Art in New York
5. El museo Británico de Londres, Inglaterra
6. El museo Van Gogh, Ámsterdam, Holanda
7. El museo Egipcio en Cairo
8. El museo de Arte en Chicago
9. El museo Smithsonian en Washington, DC

LISTA DE PASATIEMPOS QUE DESEAS

1. Aprender a volar un papalote.
2. Aprender a hacer trucos de magia.
3. Artesanías móviles.
4. Criar abejas.
5. Aprender a hacer malabares.
6. Resolver un cubo Rubik.
7. Construir muebles.

8. Hacer trabajos de madera.

9. Hacer ventanas vitrales.

10. Aprender a hacer velas.

11. Hacer autos, barcos y aviones modelo.

12. Construir casa de muñecas.

13. Aprender a hacer cerveza.

14. Aprender hacer comida gourmet.

15. Aprender a pintar con colores de agua, aceite y acrílicos.

16. Jardinería.

17. Cultivar rosas dignas de premios.

18. Restaurar algún auto clásico.

Capítulo 7

TIEMPO

"El tiempo es la moneda de tu vida. Es la única moneda que tienes, y solo tú puedes determinar cómo la gastarás. Cuidado de no dejar que otras personas la gasten por ti."
~ Carl Sandburg

¿CUÁL ES EL VALOR DE UN DÍA?

La manera como utiliza el tiempo es crítico para crear una vida excepcional. Aprendí el valor de mi tiempo después que tuve hijos. El tiempo que pasaba trabajando en la América corporativa no se comparaba al cuidar de mis bebés. Tomé la decisión de dejar mi trabajo y tomar cinco años para criar a mis dos hijos durante sus años formativos. Esa fue una de las mejores decisiones que he tomado. Cuando regresé a la carrera loca de la vida, todavía encontré maneras de sacar tiempo para dedicarlo a cada uno de mis hijos, si tan solo era para compartir un helado de cono. Más tarde en mi vida tuve problemas con el tiempo. Lo siguiente fue lo que se me interpuso: el perfeccionismo, control, gente y una necesidad por mantenerme ocupada.

PERFECCIONISMO

He sido culpable de perfeccionismo. He dedicado cantidades copiosas de tiempo y atención a mi trabajo y vida para mantener estándares personales elevados. Mi pasión por la excelencia me ha llevado hacer más allá de lo normal, sin dar tregua hasta hacerlo bien. Sin embargo, ¿qué sucede cuando se nos pasa la mano con el perfeccionismo? Llegamos a estar decepcionados y desanimados, hasta deprimidos, cuando no logramos alcanzar los imposibles estándares elevados que nos hemos fijado, haciéndonos reacios a tomar nuevos retos o hasta terminar tareas que ya había hemos empezado. Desafortunadamente, he dejado muchos trabajos porque sentía que no daba el ancho para alcanzar todas las expectativas del puesto de trabajo. Los verdaderos perfeccionistas batallan para empezar las cosas y aún más para terminarlas. Lo que he aprendido es que el mundo real no recompensa a los perfeccionistas. Recompensa a quienes realizan las cosas. Ahora que he tenido cáncer, no voy a perder tiempo tratando de ser perfecta. ¡Pasaré mi tiempo disfrutando de la vida!

CONTROL

¿Tienes la obsesión por querer controlar todo? Yo, lo era y a veces lo sigo siendo. He gastado mucho de mi tiempo y energías en asuntos que están más allá de mi control. Necesitamos ajustar nuestra forma de pensar. Consumirse con aspectos negativos de circunstancias es una pérdida de tiempo. Sin embargo, si ve las circunstancias de manera productiva y positiva, viéndolo desde el punto de vista de "¿cuál sería el mejor paso a seguir?", esto lo vuelve a poner detrás del volante. Lo siguiente es lo que he aprendido: algunas fuerzas están fuera de mi control. He aceptado este hecho en vida. Sencillamente siga adelante y pase su tiempo haciendo lo que le gusta.

DEMASIADO OCUPADA

En su libro, *The 4-Hour Workweek*, Timothy Ferris menciona, "Baja el ritmo y recuerda esto: La mayoría de las cosas no marcan tanta diferencia. El estar ocupado es una forma de flojera mental, un proceso de pensar flojo y acciones indiscriminadas."[16] La gente ocupada anda de prisa a todos lados y llegando tarde parte de las veces. Van al trabajo, conferencias, juntas, convivios, etc. Apenas tienen tiempo libre para los convivios familiares y rara vez duermen bien. Su horario ocupado les da un sentido elevado de importancia. Sin embargo es toda una ilusión.

He sido culpable de mantenerme ocupada. Muy culpable de ello. Pasé por una fase obsesiva de organización en mi hogar. Quizás algunos de ustedes saben a lo que me refiero. El ciclo repetitivo de limpiar, organizar, tirando cosas e ir de compras. Me hacía sentir que tenía algo importante que hacer. Ahora me doy cuenta que desperdicié mucho de mi tiempo organizando closets cuando pudiera haber usado ese tiempo en fortalecer mi relación con familia y amigos. Aquí está la solución: Disminuya su paso. Respire. Escoja sus prioridades. Haga un cosa a la vez. Me gusta lo que dijeron Mariel Hemingway y Bobby Williams en su libro sobre el tiempo, *The WillingWay*, "Viva cada experiencia de la vida de lleno con energía y vitalidad." Mariel y Bobby explican que, "Las actividades sencillas

como ver la salida del sol en vez de dormir tarde,
tomar agua de un vaso de vidrio en vez de plástico,
alejarse un momento de la tecnología e ir afuera un
rato son maneras naturales de ponerse en sintonía con
uno mismo y para marcar diferencias de largo alcance
en nuestras vidas, relaciones y nuestro mundo en
general."[17]

GENTE

Amigos, familia, compañeros de trabajo, colegas, hasta
conocidos usan nuestro tiempo, especialmente si son
personas tóxicas. Las personas tóxicas nos consumen.
Nos dejan sintiéndonos agotados después de pasar
tiempo con ellos. No se puede contar con ellos. Las
personas tóxicas siempre rompen sus promesas.
Solo te buscan cuando necesitan algo. De otra forma
nunca oyes de ellos. Le tienen envidia. Quieren lo que
tú tiene y se lo quieren quitar. Las personas tóxicas
tienen cero ambiciones. Estar alrededor de personas sin
ambiciones es una pérdida de su tiempo. Se encontrará
divagando con el pensamiento sobre las otras cosas que
pudiera estar haciendo en vez de usar su tiempo para
platicar con ellos. ¿Puede pensar en algunas personas
en su vida que son tóxicas?

Sea inteligente cuando se trate de manejar bien
el tiempo con la gente. Al crear una vida excepcional,
empiece por asociarse con personas que compartan
su manera de pensar, enfocadas y que den apoyo.
Socialice con personas que generan energía al entrar
en una habitación en vez de las que generan energía
cuando se van. Trate de conocer individuos con
influencia que estén alineados a sus sueños y metas.

Seth godin escribió un excelente libro, *Tribes: We Need You to Lead Us,* sobre la búsqueda por una tribu y trabajar juntos para hacer la diferencia en nuestras vidas. Somos producto de las personas con quienes pasamos la mayoría de nuestro tiempo. Si se junta con las personas equivocadas, tendrán un efecto negativo en ti. Sin embargo, si tú se junta con las personas apropiadas, enriquecerá su vida excepcional.

Capítulo 8

RELACIONES AMISTOSAS

*"La calidad de vida se refleja
en la calidad de tus relaciones amistosas."*
~ Anthony Robbins

Cuando pensamos en tener una vida excepcional,
tenemos que tomar en cuenta a las personas con
las que pasamos la mayor parte de nuestro tiempo.
Claro está que, debemos echar un vistazo a nuestras
relaciones con las personas más cercanas a nosotros,
como nuestro cónyuge o pareja, nuestros hijos, padres,
amigos y compañeros de trabajo. A fin de que podamos
avanzar hacia una vida más gratificante, primero
tenemos que mirar hacia atrás y reconocer lo que no
funcionó anteriormente en lo que tenía que ver con
relaciones amistosas. Para la mayoría de nosotros, lo
que en verdad queremos es encontrar el mejor modo de
ir por el camino en las relaciones amistosas saludables
y mantenerse en contacto con los demás a través de
nuestra supervivencia del cáncer.

OBTENER RELACIONES AMISTOSAS SALUDABLES

Cuando reflexiono en mis relaciones amistosas del pasado, veo que al principio he estado en condición de igualdad con el hombre desde el punto de vista económico y socioemocional. La relación va bien durante los primeros años. Sin embargo, lo que frecuentemente sucede con el tiempo es que empiezo a perder el sentido de quién soy en la relación. En su libro *The Dance of Anger: A Woman's Guide to Changing the Patterns of Intimate Relationships*, Harriet Lerner, PhD, explica el concepto de la autorestarse "sucede cuando una persona, usualmente la esposa, es la que más cede en las relaciones amistosas, su lugar es seguir la corriente y no tiene un sentido de claridad en cuanto a sus decisiones y el control de sus elecciones. Autorestarse significa que gran parte de uno mismo (incluyendo pensamientos, deseos, creencias y ambiciones) es negociable bajo la presión de las relaciones amistosas." Creo que la autorestarse puede comenzar en una mujer cuando se le presiona para que cambie su apellido al casarse.

Una forma de autorestarse común en las mujeres, se llama 'bajo funcionamiento.' El "bajo funcionamiento sobre el patrón de funcionamiento resulta familiar en las parejas. ¿Cómo trabaja? Como un sube y baja, así es el bajo funcionamiento de un individuo que permite el sobre funcionamiento de otro. Por ejemplo, cuanto más el hombre evita compartir sus debilidades, necesidades y vulnerabilidades, más la mujer puede experimentar y expresar de su parte. Cuanto más evita una mujer mostrar su competencia y fuerza, el hombre tendrá una idea más exagerada de lo suyo."[18]

Es en este punto de mis relaciones amistosas cuando he reprimido tanto mi ira y mis emociones hasta el punto de llegar a estar absolutamente deprimida fuera de mí. Anteriormente, mi típico patrón de comportamiento habría sido buscar un terapista quien, inevitablemente, me pondría en un antidepresivo para solucionar el problema. Ahora que reconozco mi vulnerabilidad hacia 'lauto restarme' en las relaciones amistosas, puedo llevar conmigo esta nueva concientización en mi búsqueda por encontrar un compañero que esté abierto a una relación más constructiva y firme en mi nueva vida después del cáncer.

SALIR DE LA REPRESIÓN EMOCIONAL

Otro ámbito con el que he luchado tiene que ver con reprimir mis sentimientos. La mayor parte de mi vida reprimí muy dentro de mí las reacciones a los problemas difíciles comiendo en exceso. La relación entre el cáncer y la retención de las emociones ha sido documentada en numerosos estudios. Bernie Siegel habló sobre el efecto de esta silenciosa desesperación en su libro: *Love, Medicine & Miracles: Lessons Learned About Self-Healing From a Surgeon's Experience with Exceptional Patients*. Él escribe que "trabajar con pacientes de cáncer de mama, Mogens Jensen del departamento de psicología de Yale, demostró que los represores defensivos mueren más rápido que los pacientes que tienen una perspectiva más realista. Estos son los sonrientes que no reconocen su desesperación y dicen: "Estoy bien," aunque saben que tienen cáncer, sus conyugues se han separado de ellos, sus hijos son adictos a las drogas y su mundo se ha venido abajo. Jensen cree fuertemente que este comportamiento 'irregula' y agota el sistema inmunológico, ya que está confundido por los mensajes contradictorios que recibe."[19]

Por muchas razones reprimimos emocionalmente nuestros pensamientos y sentimientos, y lo hacemos para mantener las apariencias. "¿Qué pensarían los vecinos si supieran lo que realmente sucede en nuestro hogar?" También lo hacemos para evitar confrontaciones. Cuando nuestro cónyuge o pareja pregunta "¿Qué pasa? te noto callada. Es posible que evitemos el contacto visual y cambiamos de tema para eludir una pelea. Como hijos, puede ser que hayamos retraído nuestras respuestas para evitar las consecuencias a ser disciplinados. También pudiéramos abstenernos de expresar nuestras emociones en público porque la cultura nos ha enseñado a hacer lo que es políticamente correcto; por esta razón quizás sintamos vergüenza o miedo de expresar nuestras emociones, por lo tanto las escondemos o reprimimos.

El Dr. Siegel explica que "ambos tanto hombres como mujeres están sujetos a perder la esperanza, pero debido a que desempeñan diferentes funciones, a menudo divergentes, hacen que las situaciones que se desencadenan frecuentemente sean distintas. A los hombres, por lo general, les es más fácil expresar su ira, mientras que las mujeres tienden a guardárselo y deprimirse." El Dr. Siegel continúa afirmando que, hasta cierto punto, el cáncer no es una enfermedad primaria. Es en parte una reacción a una serie de circunstancias que debilitan las defensas del organismo." Entonces, ¿cómo nos desprendemos de la depresión emocional para recuperar la salud? Una vez que hayamos identificado nuestras convicciones que afectan las percepciones negativas, entonces comenzaremos a experimentar libertad emocional. Recuerdo claramente que mi entrenadora de vida me decía: "Deja de preocuparte por lo que otros piensen de ti. Sólo ve y comienza a vivir tu vida". Al principio, no pensé que eso fuera posible. Sin embargo, ella me recordó que no debería importarme lo que otros piensen de mí. En vez de eso, empecé a dirigir mi energía a aprender cómo expresarme auténticamente sin el temor a ser juzgada.

¿Haz notado que las personas felices regularmente son las que no reprimen sus sentimientos? Comparten libremente cómo les va en su día, ya sea en casa o en el trabajo y es porque no temen ser rechazados. Lo dejan fluir, ya sea bueno o malo. El Dr. Siegel escribe: "La sencilla verdad es que las personas felices generalmente no se enferman. La actitud hacia uno mismo es el factor más importante en la curación o para mantenerse sano. Los que están en paz consigo mismos y su entorno inmediato, tienen muchos menos enfermedades graves que los que no lo están."[20]

EXPERIMENTAR ALEGRÍA EN LAS RELACIONES AMISTOSAS

Aprendiendo a ser feliz en mi propia piel y haciéndome valer en las relaciones amistosas, son dos cambios que puedo hacer para crear una vida excepcional. ¿Qué hay del regocijo de amar? ¿Cómo puedo experimentar gozo en mis relaciones amistosas con otras personas? He leído mucho en cuanto al tema de la felicidad sobre todo porque he pasado gran parte de mi vida en la angustia. Cuando fui diagnosticada con cáncer, decidí que ya había pasado suficiente tiempo sintiéndome triste, enojada y enfadada. Quería descubrir cómo encontrar la alegría, la paz y la felicidad en mis interacciones con los demás. Encontré que la clave es estar presente en el momento; para experimentar *qué es*.

Susan Campbell, PhD explica en su libro *Getting Real: Ten Truth Skills You Need to Live an Authentic Life*, que "A medida que practique experimentar lo *que es*, alcanzarás una mayor perspectiva; te verás a ti mismo desde un punto de vista más amplio. Descubrirás que los trabajos, el dinero, admiradores, posesiones, buen humor, mal humor, golpes de suerte, fracasos y desgracias van y vienen. Experimentar *qué es* ayuda a dibujar un círculo más grande alrededor de los altibajos de tu existencia. Los altibajos van de la mano. Juntos conforman su vida, su travesía como héroe."[21] El Dr. Campbell dice: "El mayor regalo que puede darte tú mismo y a los demás es tu franqueza, tu completa atención: tu entereza. Deja de aferrarte a la necesidad de tener la razón y sentirte seguro todo el tiempo, más bien determínate a ser real, único y abierto a las sorpresas, refírmate a ti mismo como un ser vivo, enfrentándote a constantes cambios y participando en los cambios de la vida en lugar de controlarlos."[22]

Empecé por estar dispuesta a experimentar *qué es* en mis amistades con otras mujeres. Comencé por interactuar con los demás de manera honesta con los pies en la tierra, permitiéndoles pasar a visitarme espontáneamente. En lugar de filtrar mis llamadas, respondí mi teléfono todo el tiempo, contesté mis correos electrónicos rápidamente y dije "Sí" a las invitaciones de último minuto. Mi círculo de amigos creció exponencialmente cuando comencé a aceptar oportunidades para experimentar *qué es*. Eckhart Tolle describe hermosamente este concepto en su libro, *The Power Of Now*, cuando dice: "En cuanto muestras que valoras el momento actual, toda la infelicidad y la lucha se disuelve y la vida empieza a fluir con alegría y facilidad. Cuando actúas conscientemente en el momento presente, cualquier cosa que hagas se convierte en algo impregnado con un sentido de calidad, cuidado y amor – incluso la acción más sencilla."[23]

¿CÓMO ESTAR EN CONTACTO CON LOS DEMÁS?

Como sobreviviente de cáncer, en muchas ocasiones me he sentido diferente de mis amigos. Hubo momentos en que me sentía confundida en cuanto a los siguientes pasos que daría en mi camino, o simplemente necesitaba el consuelo de hablar con otras personas que habían ganado con éxito su batalla contra el cáncer. Tuve la oportunidad de participar con una diversidad de grupos de apoyo para el cáncer. Algunos proporcionan un ambiente de camaradería. Otros, sin embargo, era francamente deprimentes, como si sus miembros estuvieran sumidos en una piscina perpetua en una recurrencia del cáncer. La manera más efectiva para estar en contacto con otros durante mi experiencia con el cáncer fue a través de los medios sociales. Esto permitió mantener al día de mi progreso a todos. También diseñé y escribí un blog llamado: *The Healing Blog: Creating An Exceptional Life*. Mediante éste pude publicar entradas semanales en línea, junto con imágenes de la foto de mi diagnóstico, tratamiento, y lecciones aprendidas en mi camino a través del cáncer. Lo bueno de escribir un blog es que da la oportunidad a sus lectores de responder las entradas y dejar sus comentarios. A continuación encontrarás una amplia descripción de cómo utilizar los medios sociales, blogs y el internet para estar en contacto con los demás:

SOCIAL MEDIA, BLOGS, AND THE INTERNET
by Barbara Lemaire, PhD

MEDIOS SOCIALES:

Los medios sociales son un sitio para estar en contacto. La creación de una red de amigos y familiares te permitirá compartir y cosechar la sabiduría de otras personas que estén en la misma trayectoria. Existen **páginas de Facebook**, a las que puedes unirte, ofrecen información con regularidad, tales como: American Cancer Society, The Breast Cancer Site Store, Click a day for Breast Cancer, Survivor Breast Cancer, y muchas más.

También existen muchas **páginas de grupo** a las que puedes unirte en Facebook, como: Cancer Support Group, CanSupport - Caring for People with Cancer, etc. Para encontrar los grupos escribe en la caja para buscar "encontrar todas las páginas", a continuación añade cáncer y tu ciudad de residencia, estado o el tipo de cáncer y encuentra un grupo para unirte. Por ejemplo: *"Breast cancer groups in New Mexico."* Puedes unirte a las conversaciones y hacer amigos.

Otros sitios también ofrecen excelente información y apoyo. **Pinterest.com** tiene cientos de tableros dedicados al cáncer – Cancer Quotes, Living with Cancer, Cancer Stinks, Cancer Survivors, Cancer Blogs y muchos más; cada uno con una gran variedad de recursos e inspiración.

BLOGS

Escribir un blog del cáncer es una manera en donde puedes descubrir cómo otros están haciendo frente a la incertidumbre del cáncer, lo que hacen para mantener el ánimo alto y la información sobre lo que les da buenos resultados. Sólo haz Google "cáncer blogs 2013" y encontrarás una gran cantidad de blogs para elegir. Puedes atrapar el "Blogging Bug" y une tu voz a la conversación.

EL INTERNET

Precaución: No tomes como palabra santa todo lo que lees en línea. Existen sitios confiables en línea que encontrarás útil como **epocrates.com**. Hacer un seguimiento de sus medicamentos puede ser complicado. Los pacientes y familiares pudieran tener dificultades cuando el medicamento se utiliza para diferentes necesidades o cuando tienen que tomar más de una píldora para el mismo problema.

Otra fuente en línea de confianza es **mayoclinic.com**. Aquí puedes investigar casi cualquier cosa y tener la confianza de que la información sea actualizada y precisa. En la pestaña *Health Information* encontrarás verificador de síntomas, medicamentos y suplementos, exámenes y procedimientos, una vida saludable y blogs de expertos.

Capítulo 9

MIEDO

"Obtienes fuerza, valor y confianza por cada experiencia en la que ves a la muerte a los ojos."
~ Eleanor Roosevelt

Este capítulo sobre el miedo claramente fue el más difícil de escribir. Lo estuve posponiendo vez tras vez, decidiendo si lo debería incluir en mi libro. Obviamente, tenía un gran temor de escribir este capítulo por que al hacerlo me obligaría a tratar con mis miedos a medida que los expresara. Después de asistir a la graduación de mi hijo de la universidad, seguido por la graduación de mi sobrina de la secundaria y luego de ver a mi familia por primera vez desde mi diagnóstico de cáncer, todos mis miedos de repente chocaron en una sola ocasión resultando en un mar de lagrimas. Lloré continuamente por tres días seguidos y no tenía el valor ni las fuerzas para reponerme. Quedaba claro que tenía que encontrar el tiempo para escribir sobre el miedo.

El que te digan que tienes cáncer es escalofriante.

Es INMENSAMENTE escalofriante. Quisiera uno abrir la puerta de la casa y gritar, ¡AYUDA! a los decibeles más altos posibles. Conjura todo miedo imaginable puedas pensar. Puede sentirse tan GRANDE dentro tu cerebro que no sabes como procesarlo. ¡Esta es tu vida! Ahora, toda tu vida está en juego. De algún modo o manera, se te dio una membresía al "Club del cáncer." Ahora estás intentando a toda costa cancelar tu membresía y escabullirte de este horrible club.

DE LA MUERTE Y MORIR

Antes de esto, no pasaba mucho tiempo pensando en mi propia muerte. Sencillamente me encontraba muy ocupada criando a mis hijos, trabajando, y estando casada para pensar que un día este paseo en montaña rusa llegara a detenerse repentinamente. Entonces, a la edad de 51 años, este diagnóstico resultó ser una llamada de atención muchas maneras.

Había luchado batallas con el miedo anteriormente con el miedo a volar o de perder a mis hijos. El miedo a morir era demasiado grande para digerir. No podía asimilar la idea de no estar allí para mis hijos o no vivir lo suficiente para disfrutar de mis nietos. Estaba consternada con este horrible miedo pero no sabía a dónde buscar ayuda. ¿Cómo podía sacar el tema de la muerte con mis amigos quienes viven cada minuto de sus vidas en disfrute completo? ¿Quería mi familia en verdad oír sobre mi temor a la muerte? ¿O se oiría como que sólo me estaba quejando y sintiendo lástima por mi misma?

El Dr. David Servan-Schreiber hizo un hermoso

trabajo al describir el proceso de la muerte en su libro de mejor venta internacional, *Anticancer: A New Way of Life*. En su capítulo sobre apaciguar el miedo, el Dr. Servan-Schreiber escribió,

"Con alivio encontramos que la muerte no es dolorosa en sí. En los días finales, quienes están muriendo ya no desean comer o beber. El cuerpo se deshidrata paulatinamente. Ya no hay secreciones, ni orina o excremento, menos flema en los pulmones. Como resultado, menos dolor en el abdomen, menos nausea. Ya no hay vomito, ni tos. El cuerpo entero baja su ritmo. La boca seguido se encuentra seca, pero es fácil de aliviar mediante chupar cubos de hielo con un sentimiento de bienestar, a veces hasta con poca euforia. Quienes mueren no están interesados en platicar sino sencillamente tomar la mano de alguien o ver la luz del sol por la ventana o escuchar el canto de los pájaros o música agradable. En los momentos finales, se puede oír un tipo de respiración diferente llamado "estertor". Entonces hay varios alientos finales completos (el "último aliento") y contracciones involuntarias del cuerpo y cara, que parece estar resistiendo la pérdida de fuerza de vida. Esto no muestra sufrimiento pero sencillamente una seña de falta de oxigeno en los tejidos."[24]

Después de leer esa sección sobre el proceso de la muerte, de repente sentí una oleada de paz que me invadía. Se sentía como una manera bella, relajante de tomar mis últimos alientos al estar rodeado de mi familia. Cuando se llegue mi tiempo, quiero pasar a mi siguiente vida con un adiós pacífico todos mis seres amados.

DE RECAER CON EL CÁNCER

No hay sobreviviente de cáncer que no cargue con el miedo de que el cáncer vuelva. Cada dolor o mareo hace que surja la pregunta, ¿Ya me volvería el cáncer?" Se oye como una manera terrible de vivir, ¿no es así? Pues empecé a sentirme así después de mi primera quimioterapia. Había un periodo corto entre mi quimio y el inicio de mi radioterapia en el que sentía que el cáncer regresaría. Me empezaba a pesar no haberme hecho la mastectomía. Mi tumor era pequeño y mi cirujano me aseguraba que una tumorectomía era lo más apropiado, seguido por quimioterapia y radiaciones. Sin embargo, llegué temer de que quizás no habría tomado medidas suficientemente extremas para remover todo el tejido de mi seno, y por lo tanto, podría ser muy posible que mi cáncer regresara. Este temor fue seguido por la radioterapia. Luego temía la quemaduras de mi piel fueran permanentes. Además tenía miedo de que los músculos de mi corazón se dañaran debido al rayo de radiación ya que el cáncer de seno estaba ubicado en mi seno izquierdo.

Mi miedo por la probabilidad de resurgimiento llegaba a ser tan grande que estorbaba el que pudiera comer o dormir. Hubo muchas veces en las que me sentía sobrecogida con el temor de que la azúcar alimenta las células cancerígenas. Esto causaba que mi cuerpo literalmente se cerrara completamente al ver los postres, aperitivos, bebidas de café lujosas, alcohol, dulce o chicle. Parece una buena manera de perder peso, ¿vedad? Pues en realidad, no. Cuando se evita la azúcar llega a ser un temor obsesivo, entonces más bien llega a ser una batalla diaria que algún programa de pérdida de tiempo. A veces estaba acostada despierta preguntándome ves tras vez, "¿He hecho todo lo posible por remover mi cáncer e incrementar mis probabilidades de sobrevivir?" Todos queremos paz interna de este temor insidioso pero en realidad la clave es la fe.

DE VIVIR LA VIDA EXCEPCIONALMENTE BIEN

Como mujer, reconozco en lo más profundo de mi ser que me he retraído de vivir a plenitud y experimentar la vida. En parte se debe al modelo que presencié durante mi niñez. Aunque mi padre claramente me inculcó la importancia de una educación universitaria, era el papel de esposa y madre de mi mamá con el que más me identificaba. Mi madre hizo su vida en el hogar donde aparentaba estar contenta y feliz.

Cuando me gradué de la universidad, en realidad no estaba interesada en empezar una carrera. Quería un bebé. Deseaba empezar mi vida como madre. En vez de eso, esperé cinco años mientras mi esposo durante aquel tiempo establecía su carrera. En el ínterin, tuve varios trabajos, la mayoría trabajos estancados, para mantenerme ocupada hasta que estuviéramos para empezar nuestra familia. En este momento, a medida que escribo esto, puedo sentir el calor corriendo por la parte trasera de mi cuello que probablemente están rodando sus ojos a medida que leen sobre mi punto de vista anticuado sobre la vida después de la universidad.

Después de tener hijos y regresar a trabajar teniendo una carrera docente exitosa, aún estaba más interesada en realizarme con el trabajo como madre. No era una persona dispuesta arriesgar por naturaleza. Era una mujer dada a lo seguro y me gustaba hacer las cosas de acuerdo a las normas. Había seguridad al ser una esposa y madre conservadora y al seguir las reglas. Como mujer joven, me enorgullecía de ser "buena", de tener la aprobación de los demás, y de seguir sacrificando el poder desarrollar mis propias ideas, sueños y vida excepcional. Siendo sincera, en realidad no tenía idea de que podía haber una vida fuera de este cuadro tradicional. Por otra parte, sentía mucho miedo de fracasar por mi cuenta. Le tenía miedo al fracaso. Tenía miedo de perderme. Tenía miedo de que se me lastimar en el intento. Tenía miedo de vivir mi vida a todo su potencial.

Mi vida de adulto, hasta la edad de 50 años, la había pasado en un estado de ansiedad temiendo a un cosa u otra. Ahora me doy cuenta que vivir en temor es en realidad rodearnos con una jaula. Atrapados por nuestros propios temores, nos cerramos y nos contentamos con vivir una vida pequeña. Sentimos que mediante limitar nuestra exposición a los demás y disminuir nuestras experiencias de la vida, nos libraremos de nuestra ansiedad y el gozo nos esperará al final. Claro está, que esto no resulta ser así. Para verdaderamente conquistar los miedos, debemos dominar el valor para tener nuestro propio poder y vivir nuestra vida excepcionalmente bien.

En mi busca por estar dedicada y vivir completamente viva, encontré una autora quien en verdad resume lo que es la valentía. Arianna Huffington valientemente escribió en so libro, *On Becoming Fearless in Love, Work, and Life,* mostrando lo que es verdaderamente vivir la vida con valentía:

> "Cuando sabemos quienes somos, podemos vencer nuestros miedos e inseguridades. Sobrepasamos nuestro ser más pequeño que sufre las pedradas y flechazos de nuestra realidad condicionada, y nos movemos a la verdad incondicional de nuestro ser. La respuestas a las preguntas de qué decir, a quién permitir entrar, y a quién mantener fuera llegan a ser un asunto de sencillamente escuchar a nuestros corazones. Nuestra voz interior nos ayuda a alinearnos a nuestro propósito, siendo que cada quien tiene una, aunque lo consideremos insignificante. La voz está allí. Sólo necesitamos escucharla. Cuando hacemos eso, logramos vivir con valentía."[25]

Gracias, Arianna, por inspirarme a vivir mi vida con valentía.

Capítulo 10

ESPIRITUALIDAD

"Una relación espiritual es más preciosa que la física.
Una relación física divorciada de la espiritual, es un
cuerpo sin alma."
~ Mahatma Gandhi

MI BÚSQUEDA ESPIRITUAL

La espiritualidad es algo que he explorado gran
parte de mi vida. Nací y me crié en un seno Católico,
participando en los sacramentos esenciales de esta
religión: bautismo, santa comunión, confirmación y
confesión. Cuando me fui a la universidad, exploré
el cristianismo y empecé a asistir a la Iglesia Viñero.
Después, mientras trabajaba de tiempo completo y
viviendo en Hawái, no recuerdo haber asistido a iglesia
alguna. Cuando regresé a tierra firme y empezaba mi
familia, sentía la iglesia Católica fría y robótica. Mi
vecino me sugirió la iglesia Luterana y recomendó
altamente el preescolar para mis hijos. Y así empezó
mi busca espiritual asistiendo a la iglesia Luterana

St. Paul, era una congregación que nos hacía sentir bienvenidos y en la que permanecimos durante los años formativos de mis hijos. Desafortunadamente, después de siete años, esta iglesia cambió sus reglas y sólo permitía la asistencia de luteranos ortodoxos.

Regresé a la iglesia Cristiana por otros siete años hasta que la carrera de mi esposo lo transfirió a la costa este. Allí, estaba fascinada con la Catedral Nacional de Washington y asistí a servicios de la iglesia Episcopal por tres años. Me gustaba la formalidad de la iglesia y apreciaba recibir la comunión semanal de nuevo. Después, cuando pasaba por mi divorcio, una amiga me invitó a asistir un estudio bíblico con los Testigos de Jehová, lo cual hice por 18 meses, pero pronto me percaté que mi fe cristiana no podía cambiarse.

Cuando regresé a Nuevo México, encontré una iglesia local en las montañas que inmediatamente me abrió las puertas. En esta iglesia, desarrollé amistades de confianza mediante un ministerio de mujeres lo cual me llevó a salidas sociales y convivios durante los días festivos. El ministerio de Cuidar a Otros fue mi sustento durante los tratamientos de cáncer ya que muchos miembros de la iglesia se dieron como voluntarios para llevarme a las quimioterapias, acompañarme a las citas del médicas, y me asistieron con varias tareas caseras. Mi búsqueda espiritual ha sido un sendero exploratorio. Siempre me han fascinado las religiones del mundo y respeto el derecho individual de elegir un sendero espiritual sin discriminación y prejuicio.

AFIRMACIONES Y DEVOCIONES DIARIAS

Mientras pasaba por quimioterapia, me sentía profundamente triste y, en momentos, profundamente deprimida. Siempre tenía mi fe en Dios para guiarme por mis altibajos en la vida, pero el cáncer era algo totalmente diferente a todo lo que hubiera experimentado antes. Hubo muchas ocasiones durante mis tratamientos de quimioterapia que sencillamente sentía muchas nauseas para asistir a los servicios de la iglesia. En vez de eso, me encontraba tirada en el sillón viendo hacia el cielo y contemplando el sentido de la vida. Dos libros me ayudaron durante esta difícil etapa de mi recuperación: *The Joy of Loving: A guide to daily living with Mother Theresa* y *Jesus Calling: Enjoying peace in His presence* por Sarah Young.

The *Joy of Loving* consiste de mensajes escritos por la Madre Teresa y copilados por Jaya Chalika y Edward Le Joly. Esta guía para la vida espiritual diaria incluye mensajes para cada día y es útil para el creyente e incrédulo. Los autores escriben, "La Madre Teresa habla como la consciencia del mundo. Es un faro de luz para los creyentes, irradiando rayos de luz para mostrar el camino en la semioscuridad. Y para los no creyentes en Dios, resulta ser un ancla que estabiliza la embarcación en aguas agitadas."[26] Cada mañana al desayunar, anhelo abrir este libro y leer un mensaje inspirador de la Madre Teresa para empezar mi día.

En *Jesus Calling*, Young escribe devociones para cada día del calendario, incluyendo referencias a las escrituras después de cada lectura. Su libro incluye temas de gratitud y confianza recurrente, ella menciona que estos son esenciales para experimentar paz con nuestro poder superior. Ambos incitan a pensar y son instructivos, Jesus Calling nos enseña a practicar el escuchar a Dios. Young escribe,

> "Un versículo que ha cambiado mi vida ha sido 'Cedan, y sepan que yo soy Dios.' (Salmos 46:10). Alterne las lecturas por, 'Permanezcan quietos' están 'Relájense,' 'Dejen ir,' y 'Dejen de esforzarse' (NASB). Esta resulta ser una invitación tentadora de Dios a descansar nuestras preocupaciones y buscar su Presencia. Creo que Dios anhela estos momentos de paz con nosotros aún más de lo que nosotros lo hacemos. También creo que El aún habla a aquellos quienes Le escuchan (Juan 10:27), y continuamente dependo del Espíritu Santo para ayudarme con esto."[27]

Todos los días por seis semanas, viajaba 25 minutos en cada dirección para recibir mi dosis diaria de radioterapia en el centro de cáncer. Solo permanecía cinco minutos bajo el rayo de la radiación que apenas justificaba todo el viaje de ida y vuelta. A pesar de todo, eran mis devociones diarias en mi libro de bolsillo, *Jesus Calling*, que mantuvo mi mente en paz y calma durante mi tratamiento. Adicionalmente, bajé una aplicación llamada *Unique Daily Affirmations*. Leía y repasaba mi afirmación durante el día lo cual me inspiraba a continuar en mi camino a una vida positiva.

EL LADO ESPIRITUAL DE UNA VIDA EXCEPCIONAL

La recuperación y supervivencia del cáncer puede ser un tiempo de confusión e incertidumbre cuando las emociones surgen para derruirnos. Optar por incluir un lado espiritual a su vida excepcional puede sentirse sobrecogedor, pero a la vez reconocemos que una vida espiritual es una opción que vale la pena. Quizás nos preguntemos sobre lo práctico que resulta. ¿Cómo podemos tener una forma de vivir espiritual cuando todo lo que nos rodea se basa en un mundo material?

Aunque el crecimiento personal y espiritual nace del interior, mucha gente aprecia la amistad, apoyo y compañerismo que reporta la afiliación religiosa o centro espiritual. A través de una relación con un poder superior, se sentirá mejor de sí mismo y descubrirá la paz y el gozo de una vida abundante. La espiritualidad puede proveerle un fundamento al cual regresar sin importar que suceda en su vida. Adicionalmente, el poder de la oración nos ayuda experimentar un vínculo más fuerte con Dios cada día. Durante mi primer año de supervivencia, conocí a otra sobreviviente del cáncer cuya fe y gozo abundante sobresalía entre los demás en nuestro grupo de apoyo. A continuación encontrará la historia de Jo Anne y cómo ella luchó con un diagnóstico de cáncer y permitió que su fe la guiara durante su batalla.

PERSEVERANCIA
Por Jo Anne Parish

Recuerdo el momento claramente. Viajaba en carretera con mi esposo e hijos al mar. Iba relajada en me asiento, ojos cerrados, escuchando buenas canciones. Las ventanas iban abiertas y el viento acariciaba mi pelo. Casi podía oler el aire fresco del mar que solo sólo estaba a unas horas de camino. Siempre me han gustado estas reuniones, pensé, imaginándome las sonrisas en los rostros de todos, los abrazos fuertes que pudiera recibir...¡qué bendición es mi familia! De repente, mi deleite se vio interrumpido por una llamada que cambiaría mi vida para siempre. Dentro de unos cuantos segundos después del "hola," la mala noticia fue confirmada por un mensaje duro, "Recibí los resultados de patología y me apena informarle que, es cáncer." No podía respirar, no podía tragar, las lagrimas escurrían de mis ojos. Quería correr, esconderme desesperada pero no había escape de la brutal realidad...tengo cáncer.

Nunca me hubiera imaginado o preparado para lo que padecería durante los siguientes nueve meses. El día después de mi segunda cirugía, recibí una oferta de trabajo, una oportunidad de ascenso. No solo afrontaba la decisión de si aceptar esta nueva posición, sino de aceptarla a sabiendas de que mi cáncer había sido elevado de etapa 2 a 3. Después de una consideración extensa con mi nuevo empleador, acepté la posición y empecé el lunes después de mi primer tratamiento de quimioterapia. Consciente de que era una paciente de cáncer, me preocupaba que mi empleador y compañeros de trabajo estuvieran escépticos y atentos de que necesitaría "un trato especial" o tiempo libre excesivo, así que me aseguré de no hacer ni uno u otro. Las primeras 12 semanas de quimio no me cayeron bien y experimenté muchos días en los que me sentía muy, muy enferma.

Seguido, utilizaba mi hora de comida para salir a mi carro y "descansar" por media hora. Mi carro mi brindaba un espacio de paz, lejos de los demás y mantenía una almohada allí para más comodidad. Un día, mis nauseas estuvieron más fuertes y cuando entré a mi carro, tomé mi almohada y me doblé en agonía. Esta fue la primera vez que en realidad cuestioné si continuaría. Estaba encarando la derrota y me preparaba para darme por vencida. De alguna forma, me las había arreglado lo mejor posible para mantener una sonrisa pegada a mi cara, hasta ese momento. Muy en mi interior estaba derrotada y rota. Exclamé a Dios "ayúdame," suplicándole que me hiciera fuerte otra vez, que me ayudar a librar esta batalla.

La siguiente mañana, me sentía decepcionada de descubrir que la pesadumbre que me embargaba la noche anterior, todavía estaba muy presente. Me obligué a salir de la cama y lavarme los dientes y prepararme para el día. Un vistazo en el espejo me obligó a verme de nuevo; viéndome de manera más profunda y concentrada. ¿Quién era esta persona que me veía? Mis ojos estaban vacíos… sin gozo, sin vida, sin voluntad para pelear. Desconocía a esta persona frente de mí. ¿Qué estaba haciendo? Sucumbiendo a esta enfermedad, ¿por qué ella así lo quiere? Tenía mucho camino por recorrer……no podía continuar así. Este fue el momento en que tuve ahondar profundo dentro de mí, más allá del diagnóstico, más allá de los efectos secundarios del tratamiento, más allá del cansancio, más allá de la derrota y llegar hasta mi centro. Se había llegado el tiempo de redirigir mi enfoque a cosas positivas que estaban presentes en mi vida y practicar la gratitud. Cada mañana, durante mi recorrido diario, empecé a identificar cinco cosas por las cuales sentía gratitud y lo que significaban para mí. Cuando menos pensé, ya anhelaba subirme a la autopista para soltar todas las bendiciones que estaba experimentando. Al reconocer lo significativo de cada bendición solidificó mi aprecio.

Lo que en un tiempo era devastación había sido remplazada con esperanza, amor y fe. ¡Lo más grande de esto es que la gozo había reencontrado su lugar en mi corazón! Hay mucho que se puede decir sobre la gratitud……lo que sí, es que es contagioso. Muchas personas se maravillan de que continué trabajando de tiempo completo durante mis cirugías y tratamientos, pero nunca lo tomé como un logro. Si algo, resultó ser un don para mí, una distracción que me dejó poco tiempo para meditar en lo real, ¡las viseras y polvo de la batalla! Donde quiera que estemos en nuestras vidas, cualquier mano que tengamos que jugar, de alguna manera no nace por dentro lo suficiente para despertarnos la siguiente mañana. Cuando llega la siguiente mañana, lo hacemos todo de nuevo."

FUNDAMENTOS PARA UNA VIDA ESPIRITUAL

A medida que forme una nueva vida después del cáncer, considera establecer un fundamento para tu ser espiritual. Permanece consciente de lo que haces y además en lo que fijas tu atención. Al estar consciente de las cosas ayuda a permanecer conectado con tus prioridades. Lo que nos trae paz y gozo es el fundamento de nuestras prioridades interiores: tener guía espiritual, hablar la verdad, y bondad amorosa. Se dará cuenta que sus prioridades interiores son más importantes que las exteriores. Trátate con compasión cuando descuides tus prioridades. Abajo hay cinco principios básicos que guían mi ser espiritual:

1. Somos seres espirituales creados por Dios a su imagen. Dios es la fuente y creador de todo. No hay otro poder que perdure. Dios es bueno y está presente en todos lados.

2. El espíritu de Dios vive en cada persona; por tal razón,

la gente es inherentemente buena.

3. Creamos nuestras experiencias en la vida mediante nuestra manera de prensar.

4. Hay poder en la oración afirmativa, lo cual creemos que incrementa nuestra conexión con Dios.

5. El conocimiento de estos principios espirituales no suele ser suficiente. Debemos vivirlos.[28]

Adicionalmente, considera reunirte con algún pastor o el líder espiritual de tu iglesia si tienes preguntas sobre cómo proceder con tu busca espiritual. Hay muchos grupos de ministerio, retiros y estudios bíblicos en su comunidad local que pueden ofrecer la oportunidad de establecer amistades con individuos del mismo pensar. Otra manera de desarrollar tu ser espiritual es mediante trasmisiones y podcasts. James MacDonald, el fundador de Harvest Bible Chapel, desarrolló una transmisión de ministerio para estudiar la Biblia, Caminar por el mundo, en 1997. Su ministerio, que ahora alcanza 3 millones de personas, puede seguirse con facilidad por audio y video mediante transmisiones y podcasts. También puedes desarrollarte espiritualmente mediante, libros, música, blogs, aplicaciones y giras de su líder espiritual preferido. Permite que tu curiosidad te guíe en su sendero espiritual. Ensánchate y conecta con otros a medida que exploras tu ser espiritual.

Conclusión

"No pienso en toda la miseria sino en la belleza
que todavía permanece."
~ Anne Frank

Muchos sobrevivientes de cáncer dirán que están agradecidos por haber tenido cáncer por que le enseñó muchas lecciones y los hizo mejores personas. Han usado su diagnosis para ministrar a otros o para mejorar su comunidad. Algunos sobrevivientes respondieron que el cáncer les ayudó a estar más enfocados en prioridades, con un sentido más profundo de propósito en la vida.

Mi trayecto a través del cáncer ha sido transformador en todo nivel: físicamente, emocionalmente, y espiritualmente. He hecho algunos cambios dramáticos a mi estilo de vida. Se fueron los postres dulces, las galletas, el helado y cualquier cosa con azúcar. Ahora, a diario disfruto una bebida verde hecha de una variedad de deliciosas frutas y verduras. Ahora veo mucho menos televisión ya que he reemplazado esta actividad sedentaria con ejercicio cuatro veces a la semana en el gimnasio. He aprendido a valorar cada día. La vida es preciosa y dulce. Ya no me quedo estancada en las cosas pequeñas, o de hecho en las grandes. El fastidio y agitación ya no valen la pena.

El cáncer puede cambiar su perspectiva en todo. Ahora ve a la personas de otra forma. Escucho con más atención. Cuando interactúo con alguien que aun fuma, toma bastante o está obesa, quiero tomarlos de la mano y compartir lo que ha sido mi búsqueda de una vida saludable. A diferencia de personas que nunca han tenido cáncer, yo sé lo frágil que es el cuerpo humano y lo cerca que mora la muerte. Esta es una carga enorme. Aun así, hay vida después del cáncer. Sí sé lo que es la esperanza y he aprendido que la esperanza es algo que el cáncer nunca me puede quitar. Estoy agradecida por la segunda oportunidad de vivir la vida apasionadamente y de lleno. El crear una vida excepcional se trata de reflejar en tu vida y entonces explorar lo que de veras te emociona. Se trata de usar tu tiempo sabiamente e irse detrás de todo lo que la vida ofrece.

SUPERVIVENCIA

El cáncer altera la vida. Cuando termina el tratamiento, los sobrevivientes del cáncer manejan su nueva vida de diferentes maneras. Algunos quizás se sientan aislados y con temor y se pregunten, "¿Qué voy a hacer con el resto de mi vida?" Como declaró de manera tan conmovedora la Dra Susana Love en su libro, "Los doctores pueden atenderte y a veces curarte, pero tú estás encargada de tu sanación. La experiencia de tener cáncer te cambiará para siempre. La clave es usarlo para mejorar tu vida."[29]

La supervivencia es la clave para crear una vida excepcional. Empieza el día que se le diagnostica con cáncer. Esto incluye todo lo que estás haciendo para mantenerte vivo o para poner su cáncer en remisión: cirugías, pruebas químicas, quimioterapia, radioterapia, fisioterapia, medicina alternativa y suplementaria, dieta saludable y un programa regular de ejercicios. En su libro *Happiness in a Storm: Facing Illness and Embracing Life as a Healthy Survivor* de la Dra. Wendy Schlessel Harpham nos recuerda, "Es importante que tome un papel activo en su supervivencia mediante cumplir con citas de seguimiento, escaneos periódicos y mantenerse al día con los avances de las investigaciones sobre el cáncer. De la misma manera en la que participó en su tratamiento inicial y cura, deberá ser diligente durante los años venideros si su meta es sobrevivir."[30] Tome posesión de su supervivencia y sea un modelo para todos aquellos quienes lo seguirán en la lucha contra el cáncer.

FORMANDO UN PLAN PARA UNA VIDA EXCEPCIONAL

Mi razón principal para escribir este libro es de poder llegar a otros e inspirarlos a celebrar su vida. Para quienes han pasado su vida cuidando a los demás, es tiempo de poner sus necesidades, deseos y gustos primero. ¿Cómo creará su propia vida excepcional? Ahora es tu oportunidad para vivir la vida que siempre has soñado pero que tenías demasiado miedo para intentar. El cáncer te ha hecho más fuerte y sabio. Ahora conoces claramente el valor de tu tiempo, tus relaciones, y tu salud. La Dra. Harpham dice, "La supervivencia se determina de *cómo* vive. La salud implica la entereza corporal, mental y espiritual."[31] Vivir una vida excepcional significa que tú está a cargo de tu cuerpo, mente y espíritu. Incluye tomar responsabilidad para planear la dirección de tu vida, investigar tus opciones, calcular tus riesgos y tomarlos con valentía.

En este libro, he compartido los obstáculos a los que he hecho frente, y que ya sea, me han impedido o desviado de poder vivir una vida excepcional. Entre lo que se puede culpar está la indecisión, perfeccionismo, temor, flojera, y hasta estar sobreocupada. Vez tras vez, oigo a la gente quejarse por tener que hacer cosas que les disgusta hacer. Llenan su calendario con indeseables viajes a visitar familiares, grupos de poyo emocionalmente agotadores, renovaciones consumidoras de tiempo y aceptando una mascota molesta más la cual cuidar. Si te disgusta hacer algo, déjalo de hacer. Quejarte sobre tu vida no la mejorará. Debes tomar control de tu vida y conducirla en la dirección que debe ir. Ten determinación y disciplina en todo lo que hagas. Recuerda que tu eres el conductor del destino de tu vida.

AQUÍ HAY UNOS PASOS PRÁCTICOS PARA CONSIDERAR AL CREAR UNA NUEVA VIDA:

- Comience por establecer un horario diario, con un énfasis en el ejercicio diario y la alimentación saludable.

- Establecer una intención de vivir y renovar todos los días.

- Aprenda a expresar sus emociones y pensamientos de una manera sana y auténtica.

- Manténgase conectado con los demás durante su enfermedad y más allá.

- Crear un un año, cinco años y plan de vida de diez años.

- Planifique sus pasos para alcanzar sus metas.

- Vivir con pasión y propósito.

- Continuar para conseguir el apoyo constante de los mentores, colegas y profesionales de confianza.

- Dése permiso para iniciar la vida plenamente dedicada vivir.

- Celebre sus éxitos en el camino.

Finalmente, tomé ventaja de cada oportunidad que te presente para mejorar tu vida y para acercarte más a la vida excepcional que mereces vivir.

Apéndice I

GUÍA DE RECURSOS

LIBROS

Campbell, Harriet, Ph.D. *Getting Real: 10 Truth Skills You Need to Live an Authentic Life,* (Un libro de HJ Kramer, publicado en conjunto con New World Library, 2001). Este libro provee un conjunto de prácticas profundas de concientización que apoyan una vida amena que viene de dejar ir nuestro apego a querer estar "bien, seguro, y con certeza."

Chozen Bays, Jan, M.D. *Mindful Eating: A Guide to Rediscovering a Healthy and Joyful Relationship with Food,* *(Boston, MA: Shambhala Publications, Inc., 2009).* Este libro ofrece una manera nueva de "reprogramar" la manera que vemos y consumimos el alimento.

Hemingway, Mariel y Bobby Williams. *The WillingWay: 10 Dynamic Steps for Connecting with Nature and Revealing Your Authentic Self,* (Changing Lives Press/Never Sink Books, 2013). Este libro alude a la reconexión con la naturaleza un paso a la vez para descubrir una vida más llenadora de sencillez, aventura, quietud y risa.

Huffington, Arianna. *On Becoming Fearless... in Love, Work, and Life,* (New York, NY: Little, Brown & Company, 2006). La autora extrae de sus propias experiencias y las de otras mujeres para ilustrar cómo ser intrépido desde el interior. Cómo la conquista del miedo es crucial para vivir una vida más llena y de hacer una diferencia en el mundo.

Lerner, Harriet, Ph.D. *The Dance of Anger: A Woman's Guide to Changing the Patterns of Intimate Relationships,* (New York, NY: Harper Perennial, a division of HarperCollins Publishers, 1985). La Dra. Lerner enseña a las mujeres a identificar la verdadera fuente de nuestro enojo y utilizar ese enojo como vehículo poderoso para crear un cambio significativo y duradero.

Love, S.M., M.D., & Lindsey, Karen. *Dr. Susan Love's Breast Book,* (Cambridge, MA: Da Capo Press, A Member of the Perseus Book Group, 2005). El libro de referencias de estándares revisado para reflejar todo nuevo desarrollo en cáncer de seno, exámenes, diagnósticos, tratamientos e investigaciones.

Manheim, Jason. *The Healthy Green Drink Diet: Advice and Recipes to Energize, Alkalize, Lose Weight, and Feel Great,* (New York, NY: Skyhorse Publishing, 2012). El fundador de healthygreendrink.com ofrece un argumento persuasivo para incluir una bebida verde a su rutina diaria, al igual que recetas para docenas de variaciones diferentes.

Schlessel Harpham, Wendy, M.D. *Happiness in a Storm: Facing Illness and Embracing Life as a Healthy Survivor,*

(New York, NY: W.W. Norton & Company, Inc., 2005). La autora anima a las personas que padecen cáncer, enfermedades del corazón, diabetes, o cualquier enfermedad prolongada para que simultáneamente hagan todo lo que puedan sobrepasar la enfermedad y vivir la vida a plenitud.

Schoffro Cook, Michelle, *The Ultimate pH Solution: Balance Your Body Chemistry to Prevent Disease and Lose Weight,* (New York, NY: HarperCollins Publisher, 2008). Este libro demuestra con un programa sencillo, paso a paso cómo controlar el nivel acidez en le cuerpo y retomar la salud.

Servan-Schreiber, David, M.D., *Ph.D. Anticancer: A New Way of Life,* (New York, NY: Viking Penguin, a member of Penguin Group (USA) Inc., 2008). Este libro alude a los desarrollos en las investigaciones del cáncer y ofrece consejos en cómo pueden librar la batalla con el cáncer quienes lo padecen y cómo la gente saludable pueden prevenirlo.

Siegel, Bernie, M.D. *Love, Medicine & Miracles: Lessons Learned About Self-healing from a Surgeon's Experience with Exceptional Patients,* (New York, NY: Harper & Row, Publishers, Inc., 1986). Este libro demuestra cómo suceden los milagros a pacientes excepcionales cada día; pacientes quienes tienen el valor de amar.

ORGANIZACIONES Y FUNDACIONES PARA EL CÁNCER SÍRVASE A BUSCAR LA OPCIÓN DE ESPAÑOL EN CADA SITIO.

AARP The Magazine: Living Through Cancer
http://www.aarp.org/health/conditions-treatments/living_through_cancer/
Información y servicios para personas de la tercera edad y pa-cientes de cáncer

SOCIEDAD AMERICANA DEL CANCER
http://www.cancer.org/
Información y recursos para el cáncer; localizador de servicios locales

CANCER DE VEJIGA

American Bladder Cancer Society
http://bladdercancersupport.org/

CANCER CEREBRAL

National Brain Tumor Society
http://www.braintumor.org/

CANCER DE SENO

A Little Easier Recovery
http://www.alittleeasierrecovery.org/
Organización no lucrativa la cual dona chaquetas de recuperación para mastectomías a los hospitales que a la vez las distribuyen a los pacientes de cáncer

All4One Alliance
http://www.all4onealliance.com/
Prótesis, sostenes, y prendas para después de
mastectomías

BreastCancer.org
http://www.breastcancer.org/

Breast Cancer Research Foundation
http://www.bcrfcure.org/
Provee fondos para investigaciones clínicas
innovadoras en centros médicos alrededor del mundo
y promueven la concientización pública para la salud
de los senos.

Dr. Susan Love Research Foundation - Act With Love
http://dslrf.org/actwithlove/
Recaudación de fondos e investigaciones innovadoras
para erradicar el cáncer para siempre y mejorar la
calidad e salud de las mujeres.

FORCE: Facing Our Risk of Cancer
http://www.facingourrisk.org/

Good Wishes
http://www.goodwishesscarves.org/
Provee bufandas para pacientes que experimentan
pérdida de cabello debido a los tratamientos del cáncer.

Living Beyond Breast Cancer
http://www.lbbc.org/

Metastatic Breast Cancer Network
http://www.mbcn.org/

Mothers Supporting Daughters with Breast Cancer
http://www.mothersdaughters.org/

National Breast Cancer Foundation
http://www.nbcf.org.au/Donate.aspx
Educación sobre la detección temprana; servicios
gratuitos para el cuidado de los senos mediante los
hospitales mediante al National Mammography
Program.

Nueva Vida
http://www.nueva-vida.org/
Red de apoyo para latinas con cáncer de seno

Share
http://www.sharecancersupport.org/share-new/
Apoyo para las mujeres con cáncer de seno y de
ovarios

Sharsheret
http://www.sharsheret.org/
Apoyando a las mujeres jóvenes y sus familias de todo
antece-dente judío.

Sisters Network
http://www.sistersnetworkinc.org/
Una organización nacional de afroamericanas
sobrevivientes de cáncer de seno.

Susan G. Komen Foundation
http://ww5.komen.org/

Patrocina con fondos investigaciones para el cáncer de seno, programas comunitarios, apoyo y programas en más de 50 países.

El Estudio de Hermanas
http://www.sisterstudy.niehs.nih.gov/Spanish/index1.htm
El estudio de hermanas con cáncer de seno.

Triple Negative Breast Cancer Foundation
http://www.tnbcfoundation.org/

CANCER CERVICAL

National Cervical Cancer Coalition: NCCC
http://www.nccc-online.org/

CO-SOBREVIVIENTES

Family Caregiver Alliance
https://www.caregiver.org/

CANCER DE COLON

Colon Cancer Alliance
http://www.ccalliance.org/

Colorectal Cancer Awareness
http://www.crcawareness.com/

PRESERVACION DE OVULOS

FertileHope – Cancer & fertility information
http://www.livestrong.org/we-can-help/fertility-services/

CANCER DE RIÑONES

Kidney Cancer Association
http://www.kidneycancer.org/

LEGAL

National Cancer Legal Services Network
http://www.nclsn.org/

Cancer Legal Resource Center
http://www.disabilityrightslegalcenter.org/cancer-legal-resource-center

LEUCEMIA

Leukemia & Lymphoma Society
http://espanol.lls.org/

CANCER DEL HIGADO

Beat Liver Tumors - Say YES to hope
http://www.beatlivertumors.org/

SENTIRSE MEJOR . . . VIVIR MEJOR

Helping Women With Cancer
http://lookgoodfeelbetter.org/
Provee sesiones de belleza complementarias para mejorar el auto estima y la calidad de vida de mujeres bajo tratamientos para el cáncer.

CANCER PULMONAR

American Lung Association
http://www.lung.org/lung-disease/lung-cancer/

Lung Cancer Alliance
http://www.lungcanceralliance.org/

National Lung Cancer Partnership
http://www.freetobreathe.org/

Uniting Against Lung Cancer
http://www.unitingagainstlungcancer.org/

LYMFEDEMA

National Lymphedema Network
http://www.lymphnet.org/

LIMFOMA

Leukemia & Lymphoma Society
http://www.lls.org/

Lymphoma Reasearch Foundation
http://www.lymphoma.org/site/
pp.asp?c=bkLTKaOQLmK8E&b=6296735

MELANOMA

Melanoma Research Foundation
http://www.melanoma.org/

Melanoma International Foundation
http://melanomainternational.org/

MESOTELIOMA

Mesothelioma Help
http://www.mesotheliomahelp.org/

Mesothelioma Awareness
http://www.mesotheliomaguide.com/

MIELOMA MULTIPLE

Multiple Myeloma Research Foundation
http://www.themmrf.org/

International Myeloma Foundation
http://myeloma.org/Main.action

NATIONAL CANCER INSTITUTE
www.cancer.org
Provee datos para doctores y pacientes; resultados
clínicos; una buena fuente para información exacta e
imparcial.

CANCER ORAL

Oral Cancer Foundation
http://oralcancerfoundation.org/

Support for People with Oral, Head and Neck Cancer
http://www.spohnc.org/

CANCER DE OVARIOS

FORCE: Facing Our Risk of Cancer
http://www.facingourrisk.org/

Ovarian Cancer National Alliance
http://www.ovariancancer.org/

Ovarian Cancer Canada
http://www.ovariancanada.org/

Ovarian Cancer Research Fund
http://www.ocrf.org/

CANCER PANCREATICO

Lustgarten Foundation for Pancreatic Cancer Research
http://www.lustgarten.org/

Pancreatic Cancer Action Network
http://www.pancan.org/

PEOPLE LIVING THROUGH CANCER
http://www.pltc.org/
Programas de apoyo individuales y de grupo, prestando
ayuda a quienes encaran los desafíos del cáncer y mejorar
su calidad de vida.

PREVENT CANCER FOUNDATION
http://preventcancer.org/
Promueve la prevención y detección temprana
del cáncer me-diante investigaciones, educación y
programas comunitarios.

R.A.BLOCH CANCER FOUNDATION
http://www.blochcancer.org/resources/big-list-of-cancer-resources/
Recurso poderoso de sitios para todo tipo de cáncer.

RELAY FOR LIFE - AMERICAN CANCER SOCIETY
http://www.relayforlife.org/
Eventos de recaudación de fondos para ayudar a las comunida-des alrededor del mundo para pelear contra el cáncer.

SARCOMA

Sarcoma Foundation of America
http://www.curesarcoma.org/

Sarcoma Alliance
http://sarcomaalliance.org/

CANCER EN LA PIEL

Skin Cancer Foundation
http://www.skincancer.org/

Stand Up To Cancer
http://www.standup2cancer.org/
Reúne fondos para acelerar la paso de las investigaciones innovadoras.

CANCER DE LA TIROIDES

ThyCa: Thyroid Cancer Survivors' Association
http://www.thyca.org/

Thyroid Cancer Canada
http://www.thyroidcancercanada.org/

American Thyroid Association
http://www.thyroid.org/cancer-of-the-thyroid-gland/

WORLD CANCER DAY
http://www.worldcancerday.org/
Marcado el 4 de febrero para concientización del cáncer
y para animar la prevención, detección y tratamientos;
las metas de la Declaración mundial de cáncer escrita
en 2008.

Apéndice II

CÓMO HACER UNA ESCULTURA DE SENO

Poco después que se me diagnosticó con cáncer de seno pero antes de una tumorectomía, una amiga me sugirió la idea de que hiciera un molde de yeso de mis senos para tener un recuerdo o memoria física de cómo se veía mi cuerpo antes del cáncer. Nunca antes había oído de un "molde de booby" así que no investigué mucho si había alguien localmente que hiciera este tipo de trabajo. No había nadie en mi lugar de origen así que consideré a mis amigos que pudieran sentirse cómodos ayudándome para hacerlo yo misma.

Afortunadamente, mi vecina estaba abierta a la idea así que reuní todo lo necesario y nos juntamos un sábado por la mañana y creamos una preciosa escultura de mis senos. Primero, compartimos una tasa de té y hablamos sobre los pasos para crear una escultura. ¡Concordamos en que necesitaba frotarme vaselina en cuerpo antes, sino estaríamos haciendo una vuelta al salón de emergencias para me quitaran el yeso! Mi vecina fue tan creativa en empalmar las tiras de yeso que hasta incluyó mi ombligo en el molde. Después en me travesía por el cáncer, decidí tener una mastectomía biliteral. Estaba tan agradecida de haber hecho una escultura antes de mi última cirugía, porque ahora tengo una bella memoria de mis senos y una pieza fina de arte.

AQUÍ ESTÁN LAS INSTRUCCIONES PARA HACER LA ESCULTURA DE SENOS:

Elija a un ayudante con quien se sienta física y emocionalmente cómoda. Al igual, su ayudante necesita sentirse cómoda con usted y el trabajo por hacer.

MATERIALES:

- Una tina llena con agua calientita.
- Vaselina
- 3 ó 4 rollos de cinta de yeso – bajo la marca Rigid Wrap Plaster Cloth (rollo de 8"x180")
- Una tela para cubrir el suelo
- Tijeras
- Un trapo o toalla para limpiar después

INSTRUCCIONES:

1. Remueve cualquier joyería corporal y anillos.

2. Ponte un sostén viejo del cual no te importe llenarlo de yeso.

3. Tiende la tela o cubierta para proteger el piso.

4. Corta las tiras de tela con yeso en pedazos (unas de 4", 6" y otras de 8")

5. Llena tu tina con agua calientita.

6. Ponte una pantalonera de la cual no te moleste llenar de yeso.

7. Frótate una buena cantidad de vaselina en tu cuello, hombros, sostén, pecho, estómago y lados de su cuerpo. Esto asegurará que podrás quitarte el yeso cuando esté completo.

8. Colócate en una pose que te sea confortable al estar de pie por un rato.

9. Detén la primera tira de yeso a medida que la sumerges en agua. Espera unos segundos, entonces sáquela. No dejes ir la tira para que no se doble o tuerza. Sostén la tira con una mano mientras recorres dos dedos para remover el agua excedente. Tu ayudante tendrá que trabajar con un poco de rapidez, ya que el yeso empieza a secarse después de unos minutos. Si deseas una superficie suave, puedes suavizar más las tiras de yeso a medida que las aplicas.

10. Repite a medida que se necesita hasta que el área quedé cubierta. Usa tiras más pequeñas en áreas que necesites mejor definición (pezones, ombligo), y más grandes para áreas menos intricadas. Es mejor empalmar las tiras en diferentes direcciones, empalmándolas de arriba abajo, de un lado al otro, y diagonalmente, para crear un molde más sólido. Asegúrate de que tienes para por lo menos 3-5 capas. Empieza en la parte superior de tu cuello y pecho, trabaja hacia abajo.

11. Cuando acabes, espera hasta el yeso se seque lo suficiente que naturalmente se despegue de tu piel. Espera un poco más, entonces mueve el molde para aflojarlo de tu cuerpo y ponlo en un lugar fresco y seco para secar por lo menos 48 horas. Quizás quieras rellenar tu molde con periódicos y acostarlos con los senos hacia arriba para secarse para que no vayan a aplanarse mientras se secan.

12. Limpia el exceso de vaselina con una toalla y disfruta de una buena ducha para remover cualquier yeso que quede.

13. Como punto adicional, cuando mi molde estaba seco, lo sellé (por dentro y fuera) con Gesso finishing medium. Entonces, pinté el molde entero con pintura acrílica Yellow Ochre para darle una apariencia más humana. Luego, use Liquid Nails para adherir dos ganchos de tornillo como tres pulgadas de la parte de arriba del molde. Recorrí un alambre grueso por los tornillos y até las puntas. Finalmente, le colgué uno de mis mejores collares alrededor de la línea del cuello y colgué la escultura en mi baño.

Notas

1. Marianne Williamson, *A Return to Love: Reflection on the Principles of "A Course in Miracles,"* Ch 7, Section 3, (New York, NY: HarperOne, an imprint of HarperCollins Publishers, 1992).

2. Elisabeth Kübler-Ross, *On Death and Dying: What the Dying Have to Teach Doctors, Nurses, Clergy, and Their Own Families*, (New York, NY: Simon & Schuster: A Touchstone Book, 1969).

3. Bernie Siegel, M.D., *Love, Medicine & Miracles: Lessons Learned About Self-healing from a Surgeon's Experience with Exceptional Patients*, (New York, NY: Harper & Row, Publishers, Inc., 1986).

4. Jan Chozen Bays, M.D., *Mindful Eating: A Guide to Rediscovering a Healthy and Joyful Relationship with Food*, (Boston, MA: Shambhala Publications, Inc., 2009), 3.

5. Jason Manheim, *The Healthy Green Drink Diet: Advice and Recipes to Energize, Alkalize, Lose Weight, and Feel Great*, (New York, NY: Skyhorse Publishing, 2012), 56-57.

6. Claire Ragozzino, *"Acid vs. Alkaline: The Science Behind Balancing Your pH"*, Vidya: Health, Culture, Food, Clarity, http://vidyacleanse.com/2013/03/acid-vs-alkaline-the-science-behind-balancing-your-ph/, (accessed October 22, 2013).

7. Jacquie Robertson, *"Sugar Is Evil and Here's Why: 7 Reasons to Banish Sugar From Your Life"* http://jacquierobertson.wordpress.com/2013/02/06/sugar-is-evil-and-heres-why-7-reason-to-banish-sugar-from-your-life/, February 6, 2013, (accessed August 1, 2013).

8. Stevia Smart, FAQ, http://www.steviasmart.com/faq.html, (accessed April 9, 2013).

9. The Truvia Company, LLC, http://truvia.com/about (accessed August 24, 2014).

10. "*Pumpkins - Fun Facts, Cooking & Nutrition*", ebay, http://www. ebay.com/gds/PUMPKINS-FUN-FACTS-COOKING-NUTRITION-/10000000001226037/g.html (accessed October 10, 2013).

11. Chris Kessler, "*Liver: Nature's Most Potent Superfood*," Chris Kresser L. AC, http://chriskresser.com/natures-most-potent-superfood, April 11, 2008, (accessed July 8, 2013).

12. American Cancer Society, "*What Are Complementary and Alternative Methods?*," Guía para métodos complementarios y alternos al cáncer, http://www.cancer.org/treatment/treatmentsandsideeffects/complementaryandalternativemedicine/guidelines-for-using-complementary-and-alternative-methods, (accessed July 20, 2013).

13. Efram Korngold y Harriet Beinfeld, *Between Heaven and Earth: A Guide To Chinese Medicine*, (New York, NY: A Ballentine Book, published by The Random House Publishing Group, 1991).

14. Este trabajo fue apoyado a través de patrocinios de National Cancer Institute R21CA108084, U19CA121503 and CA016672. Los autores no tienen conflictos de interés que puedan informar. Adicionalmente a Cohen, MD Anderson los autores en el informe incluyen a: Zhongxing Liao, M.D., Departamento de Radiación y Oncología; Qi Wei, Programa de medicina integrativa y Kathryn Milbury, Ph.D., Departamento de ciencias comportamiento. Otros autores incluyen a Zhen Chen, M.D., Jiayi Chen, M.D., Zhiqiang Meng, M.D., Ph.D., Wenying Bei, M.D., Ying Zhang, Xiaoma Guo, Luming Liu, M.D., Ph.D., todos de Fudan University Cancer Hospital; Jennifer McQuade, M.D., Hospital of the University of Pennsylvania; Clemens Kirschbaum, Ph.D., Dresden University of Technology; y Bob Thornton, Merck & Co., Inc (personal de MD Anderson cuando las investigaciones se efectuaron).

15. Talea Miller, "En muchos países los pacientes de cáncer encaran estigma, percepción equivocada: Un cuerpo creciente de investigación ve las percepciones del cáncer y estigma hacia los pacientes, tanto causados a sí mismos y de sus comunidades," Hora de noticiero PBS, http://www.pbs.org/newshour/updates/health/jan-june11/cancerstigma_06-15.htm, (accessed August 2, 2013).

16. Timothy Ferris, *The 4-Hour Workweek: Escape 9-5, Live Any-where, and Join the New Rich*, (New York, NY: Crown Publishers, an imprint of the Crown Publishing Group, a division of Random House, Inc., 2007).

17. Mariel Hemingway and Bobby Williams, *The WillingWay: 10 Dynamic Steps for Connecting with Nature and Revealing Your Authentic Self*, (Changing Lives Press/Never Sink Books, 2013).

18. Harriet Lerner, Ph.D. *The Dance of Anger: A Woman's Guide to Changing the Patterns of Intimate Relationships*, (New York, NY: Harper Perennial,

19. Bernie S. Siegel, M.D., *Love, Medicine & Miracles: Lessons learned about self-healing from a surgeon's experience with exceptional patients*, (New York, NY: Harper & Row, Publishers, Inc., 1986) 80.

20. Bernie S. Siegel, M.D., *Love, Medicine & Miracles: Lessons learned about self-healing from a surgeon's experience with exceptional patients*, (New York, NY: Harper & Row, Publishers, Inc.,1986) 76.

21. Susan Campbell, Ph.D., *Getting Real: 10 truth skills you need to live an authentic life*, (An HJ Kramer Book, published in a joint venture with New World Library, 2001) 202.

22. Susan Campbell, Ph.D., *Getting Real: 10 truth skills you need to live an authentic life*, (An HJ Kramer Book, published in a joint venture with New World Library, 2001) 203.

23. Eckhart Tolle, *The Power of Now: A Guide to Spiritual Enlightenment*, (Namaste Publishing (1997).

24. David Servan-Schreiber, M.D., Ph.D., *Anticancer: A new way of life*, (New York, NY: Viking Penguin, a member of Penguin Group(USA) Inc., 2008) 171.

25. Arianna Huffington, *On Becoming Fearless ... in love, work, and life*, (New York, NY: Little, Brown & Company, 2006) 228.

26. Mother Teresa, compiled by Jaya Chalika and Edward Le Joly, The Joy of Loving: A Guide to Daily Living with Mother Teresa (New York, NY: Penguin Compass, a division of the Penguin Group, 1996), 33.

27. Sarah Young, Jesus Calling: Enjoying peace in His presence, (Nashville, TN: Thomas Nelson, 2004), XIII.

28. Unity - A positive path for spiritual living, http://content.unity.org/aboutunity/whatwebelieve, (accessed June 10, 2013).

29. Susan M. Love, M.D., & Karen Lindsey, *Dr. Susan Love's Breast Book*, (Cambridge, MA: Da Capo Press, A Member of the Perseus Book Group, 2005), 471.

30. Wendy Schlessel Harpham, M.D., *Happiness in a Storm*, (New York, NY: W.W. Norton & Company, Inc. 2005), 30-31.

31. Wendy Schlessel Harpham, M.D., *Happiness in a Storm*, (New York, NY: W.W. Norton & Company, Inc. 2005), 31.

Si te ha gustado *la Transformación: Creando Una Vida Excepcional en el Rostro de Cáncer,* por favor deje un comentario en su sitio web favorito de lectura.

Gracias!

Sobre el Autor

Gale M. O'Brien es un cáncer de mama y un sobre-viviente de cáncer de piel. Ella también es un blogger, un crítico de arte, un orador motivacional y un coche de la vida. Gale es el fundador de El Blog de sanación: La creación de una vida excepcional y el blog Passione per l'Arte.

En 2013, Gale escribió la primera edición de la Transformación: Creando una vida excepcional en el Rostro de Cáncer, que se convirtió en un libro premiado en el concurso de Excelencia en Comunicación Prensa de Nuevo México Mujeres 2014. Al año siguiente se publicó tanto en una edición revisada y una edición en español del libro del mismo título.

Gale es un miembro de SouthWest Escritores y la Asociación de Autores de no ficción. Ella también es una madre y un amante de los animales. Ella vive en Nuevo México, donde se inspira en el pueblo y la cultura del arte del Suroeste.

Para aprender más sobre Gale, visita
http://www.galeobrien.com o
contacto con ella en gale.m.obrien@gmail.com

www.ingramcontent.com/pod-product-compliance
Lightning Source LLC
Chambersburg PA
CBHW021104090426
42738CB00006B/498